© 2024 Alexandre THINON
Édition : BoD · Books on Demand, 31 avenue Saint-Rémy, 57600 Forbach, bod@bod.fr
Impression : Libri Plureos GmbH, Friedensallee 273, 22763 Hamburg (Allemagne)
ISBN : 978-2-3225-4154-6
Dépôt légal : Janvier 2025

Israël & Palestine en roue libre

Une histoire vraie

Par Alexandre THINON

Aux Israéliens et aux Palestiniens qui se sont livrés à moi pour me permettre de mieux comprendre le monde qui m'entoure.

A.T.

ARRIVEE

5 janvier 2023, une nouvelle année débute et je souhaite la placer sous le signe de l'imprévu. Ça ne sera malheureusement pas chose aisée tant cette année me parait d'ores et déjà tracée. Un stage de 6 mois, un examen à passer et… si tout se passe bien, une prestation de serment pour embrasser la profession d'avocat à la fin de l'année. En soi, il y a pire comme tracé. Mais ça reste un tracé, et ce genre de ligne droite, je les déteste. Je regarde les destinations les moins chères au départ de Paris. Tiens, Israël. Ce pays me fascine. Il représente aussi bien le berceau des trois grandes religions monothéistes, qu'un des conflits les plus complexes de l'Histoire. Les différents peuples et cultures s'y mélangent étroitement, en ne formant parfois qu'un ou, trop souvent, en étant diamétralement opposés. Une chose est sûre, ce brassage culturel mais surtout religieux, a conduit à la ségrégation et à la répression. La complexité de cet univers m'attire. Bien que les reportages sur le sujet soient souvent complets, je ne comprendrais la réalité qu'en me rendant sur le terrain. Je sors ma carte bleue de mon portefeuille, renseigne les numéros gagnants et le cryptogramme. Je pars dans 6 jours seulement, cela me laisse à peine le temps de préparer mon voyage. Je débute ainsi mon année avec cette dose d'excitation que j'appelle : l'imprévu.

11 janvier 2023, je prépare mon sac pour mes 12 jours de vadrouille. Jeune et sans revenu, un sou est un sou. Par souci d'économie, mon sac à dos ne dépassera pas le poids d'un bagage à main. J'aurai simplement ce petit sac The North Face emprunté à mon père, juste assez grand pour le placer sous le siège de l'avion. Comme à son habitude, ma mère m'accompagne sur le quai de la gare de Tours, ville où j'habite. Pour ne pas m'ennuyer durant le trajet, elle m'achète un magazine. Pas de magazine people non, je suis pris de l'envie de découvrir le monde, la géopolitique, avec ses singularités et sa cruauté. Je monte à bord du train. Pour une fois, pas de retard, quelle surprise. Les paysages de campagne défilent sous mes yeux, une petite heure de train me sépare de la capitale.

Arrivé à Paris, je rejoins Bilkiss et Marie au restaurant. Je les ai rencontrés en Jordanie[1]. Bilkiss a démissionné pour partir le mois prochain en Nouvelle-Zélande pour une durée indéterminée. Marie, quant à elle, est en couple avec Otavio (un voyageur que nous avions rencontré à Petra).

Nous refaisons le monde, échangeons nos souvenirs, nos moments de joie, comme nos moments de galère. Décidément, la Jordanie aura marqué chacun d'entre nous. Après le repas, je me dirige vers l'aéroport de Paris Charles de Gaulle. Je n'ai pas besoin de patienter pour enregistrer mes bagages auprès de la compagnie aérienne puisque je n'ai qu'un petit sac à dos, c'est plutôt pratique. J'arrive assez rapidement devant la porte d'embarquement. Je fais escale à Milan. L'aéroport se situe au pied des Alpes. Depuis le hublot, j'admire les montagnes vues du ciel. Au fur et à mesure que l'avion descend en altitude, les montagnes révèlent leur relief. Le soleil d'hiver, rasant, teint de rose les sommets enneigés. La montagne est un espace qui ne m'est pas familier. J'habite dans une région où l'on pourrait penser que la terre est plate. Pour moi, les montagnes représentent une beauté pure, dont les imperfections font le charme. Une beauté dangereuse, froide et difficile d'accès. Mais une beauté tout de même. Le choc de l'atterrissage sur le tarmac me rappelle que je dois me lever de mon siège et quitter ce premier avion. Je bouquine le magazine durant l'escale et en apprend plus sur quelques régimes dictatoriaux africains, le temps passe vite.

Tel Aviv, 17h38. Je me prépare à répondre aux questions des autorités sur les raisons de ma venue ici. Préparation inutile. Je scanne mon passeport biométrique et récupère une petite vignette blanche avec un dégradé bleu. Je n'ai pas intérêt à perdre ce petit bout de papier. C'est lui qui me permettra de rentrer chez moi. Je suis dans le hall de l'aéroport. Comme dans tous les halls d'aéroport, il y a des opérateurs téléphoniques qui vendent des cartes SIM. Comme pour tous mes voyages, je troque ma carte SIM française contre une carte SIM locale pour avoir du crédit internet. Sauf que là… Le forfait avoisinait les 70 € ! Je ne suis pas novice et ai bien conscience que les prix affichés dans les aéroports sont disproportionnés. Je décide de me passer de forfait internet pour l'instant. Je dois

---

[1] Voir du même auteur : La Jordanie en roue libre

encore rejoindre le centre-ville, puis mon auberge. Je sors dehors, il fait déjà nuit. Deux bus attendent des passagers. Je suppose qu'ils vont en ville. Je demande au premier bus. Les chauffeurs sont arabes et fument tranquillement la chicha. Ce bus ne va pas à Tel Aviv. Je demande au second bus, le chauffeur ne parle pas anglais et fait mine de ne pas comprendre ce que je lui demande. C'est pourtant simple : « Tel Aviv ? ». Désespéré, je demande à la première personne que je croise, de m'aider. C'est un juif orthodoxe. Je le reconnais à son long manteau noir et à son chapeau tout aussi sombre. Il fait partie d'un monde qui, pour l'instant, m'est complètement inconnu. J'évite de trop l'épier pour ne pas le mettre mal à l'aise. Il parle anglais, me comprend et décide de m'aider. Il demande au chauffeur non anglophone s'il va à Tel Aviv. Réponse négative. L'orthodoxe me dit, en français :

- Sinon tu peux prendre le train.

J'ai l'impression que mon cerveau bug tant son français est limpide.

- Vous parlez français ?
- Oui, ma mère est française ! Je vais t'aider à prendre ton billet de train parce que la machine du guichet est en hébreu.

Merci. Je monte dans le train. Un problème demeure toutefois, puisque je n'ai pas internet, je n'ai pas de GPS. Je ne sais donc pas à quel arrêt je dois m'arrêter pour me rendre à l'auberge. Je choisis la station « *Tel Aviv center* ». Je sais que mon auberge se situe au sud de la ville, près de la plage. Il faut donc que je trouve le littoral, puis que je le longe en direction du sud. Je sors de la gare. Immédiatement, un choix s'ouvre à moi : gauche ou droite ? Je prends vraiment conscience que rejoindre mon auberge ne serait pas chose aisée, d'autant lorsque l'on connaît mon sens de l'orientation. Je n'ai aucune idée de l'endroit où je me trouve précisément dans Tel Aviv, je connais la localisation approximative de mon auberge et je n'ai pas de GPS pour me guider. Je demande à un passant dans quelle direction est la plage. L'air hésitant, il me dit :

- A gauche.

Je suis ce chemin. Je demande à un autre passant de me confirmer qu'il s'agit de la bonne direction, c'est le cas, je suis rassuré. Je marche pendant 45 minutes et m'arrête dans chaque supérette pour demander une carte SIM, en vain. Je demande ma route à une quinzaine de personnes. Toutes extrêmement serviables et avec une réelle volonté de m'aider. Dans cette situation inconfortable, la gentillesse des Israéliens à mon égard allège mon état de fatigue nerveuse. Tous me conseillent de prendre un bus car la route est trop longue. Mais je ne trouve pas de station de bus. D'ailleurs, je ne saurais même pas quel bus prendre et encore moins où m'arrêter. Dans le quartier que je traverse depuis près d'une heure, les rues se vident à mesure que la nuit avance. J'ai l'impression d'être seul au monde et je vois l'idée de dormir dans un lit s'éloigner petit à petit. C'est comme chercher une épine dans une botte de foin… comme chercher une adresse précise dans une mégalopole en ne faisant que demander son chemin tous les quinze mètres. Au niveau d'une intersection, j'entends la circulation se densifier. Je quitte le quartier fantôme pour entrer dans une ville en effervescence. Je dois être dans le centre. Je vois un arrêt de bus, parfait ! J'y vais. Je demande à une passante si elle peut regarder pour moi quel bus prendre et à quel arrêt descendre. Forcément, le nom des arrêts est en hébreu. Impossible pour moi de retenir cette succession de lettres issues d'un alphabet qui m'est étranger. J'ai le réflexe de prendre une photo de l'écran de son téléphone et monte dans le bus. Un adolescent d'une quinzaine d'années est assis à côté de moi. Je compte sur lui pour m'indiquer le bon arrêt. Par la fenêtre, se dessinent de grandes tours en verre, un peu comme à New York. Des petites boutiques décorent les trottoirs. La fatigue se fait ressentir de plus en plus. Je me concentre pour ne pas louper mon arrêt. C'est le prochain, j'appuie sur « *stop* » et me lève du siège. Je me dirige vers la porte de sortie. Ce n'est pas évident de garder l'équilibre. Je manque de tomber mais bon, je ne veux pas louper l'arrêt. Cela me fait penser aux personnes âgées qui prennent le bus n° 14 avec moi à Tours. Bien qu'elles ne tiennent plus vraiment sur leurs jambes, elles persistent à se lever dès l'arrêt précédant le leur. A chaque fois, c'est la même musique, les « vieux » manquent de tomber. Je suis d'ailleurs étonné de n'en n'avoir jamais vu au sol. Trêve de tergiversions, je descends là. Je demande une dernière fois ma route à un jeune couple. Je suis juste à côté de l'auberge, enfin ! Je passe devant un fastfood, prends une ruelle sur la droite, j'y suis. Je donne mon passeport et la vignette à l'aubergiste. Pendant qu'elle m'enregistre, je m'affale dans un fauteuil. Un backpacker vient lui-aussi d'arriver. A son accent, je dirais qu'il est Américain.

L'aubergiste me montre ma chambre. La porte d'entrée est high tech ! Il y a un code sur la poignée, qu'il faut renseigner pour qu'elle s'ouvre : 4297. Un voyageur dort déjà, bien qu'il ne soit que 22h00. Je ne vais pas tarder à l'imiter de toute façon. J'informe ma famille que je suis bien arrivé et profite du wifi accessible depuis le salon commun, dont l'atmosphère me fait penser aux surfeurs hippies. Bon, je vais me coucher.

Je dors d'une traite jusqu'à 10h, je suis en forme ! Je boucle mon sac, fais mes lacets et m'apprête à partir pour Jérusalem. Le backpacker que j'avais vu la veille à la réception m'interpelle :

- *Hey man, where are you from* ?

Pas de doute, c'est un ricain. Il me propose de petit-déjeuner ensemble. Bon, j'irai à Jérusalem plus tard dans la journée, ce mec a l'air sympa. Nous partons de l'auberge. Je découvre une petite partie de Tel Aviv, des bâtiments en pierre qui regorgent de charme. Je reviendrai dans cette ville à la fin de mon séjour, en espérant avoir suffisamment de temps. Sur le chemin, nous passons devant un opérateur téléphonique. Nous entrons à l'intérieur de la boutique dont les rayons débordent de téléphones et autre matériels électroniques. Je prends un forfait de 30Go pour l'équivalent de 20 €, bien moins cher qu'à l'aéroport ! Heureux d'avoir réussi mon affaire, je demande à l'Américain comment il s'est organisé pour le forfait internet. Il a opté pour une extension de son forfait à 50 €. Pour son prochain voyage, il prendra sûrement un forfait local. Nous sortons du restaurant et je respire l'air iodé. Nous sommes tout près de la mer. Tiens, un restaurant borde la plage, allons-y. Bien qu'étant en plein mois de janvier, nous sommes en t-shirt. Je m'assieds et regarde les quelques surfeurs qui glissent sur l'eau… avant de me concentrer sur mon repas avec l'Américain :

- Tu viens de quelle ville ?

- Je viens d'un petit village pas loin de Boston. Mais je bosse à Boston, je viens de décrocher mon premier contrat ! Je suis comptable. Ça me plait beaucoup mais le salaire n'est pas prêt d'évoluer… Je prépare alors un concours pour passer une certification ! Je pourrais prétendre à un peu plus. Parce qu'à Boston, la vie est chère.

On a les mêmes problèmes de l'autre côté de l'Atlantique. On parle de sujets « bateaux » mais qui font malgré tout naviguer mes pensées. Comment est la vie aux States ? Les armes, l'image que l'on a des Américains, l'image que les Français ont des Américains, etc… Ce qui est amusant, c'est que ce gars est l'archétype du pays de l'Oncle Ben. Grand, costaud, une casquette sur la tête et surtout… qui parle fort ! Le vieux assis derrière nous, ne s'est d'ailleurs pas gêné pour nous dire de baisser d'un ton.

Le serveur vient prendre notre commande. L'Américain reste soft et se contente d'un cappuccino. Moi, je veux du local ! Le ricain est sur la fin de son séjour, il en connait suffisamment sur la gastronomie israélienne pour me conseiller la *shakshuka*. C'est un plat à base d'œufs pochés par-dessus une sauce tomate épicée avec des oignons et du cumin. On trempe le pain dans la sauce. Un véritable délice. Je sors un billet jaune de 100 shekels (environ 27 €) et paie le tout. Le serveur me rend la monnaie. Quelques pièces sont argentées, d'autres sont dorées. Les pièces dorées sont vraiment belles. Elles sont décorées de la *menorah*. Vous savez, c'est ce chandelier à 7 branches, l'un des symboles du judaïsme. Pourquoi 7 branches ? Peut-être en référence aux 7 jours qui ont servis à Dieu pour créer le monde… Nous quittons le restaurant et échangeons nos coordonnées. Il s'appelle Jacob alias J-P (ne me demandez pas pourquoi), j'espère le revoir !

- *Wish you all the best man.*

Je programme mon GPS pour la *central station*, là où les bus partent pour Jérusalem. Pour y aller, c'est tout droit ! Je mets le téléphone dans ma poche et profite des petites rues authentiques et des bars qui respirent la vie. J'arrive à la *central station* après 25 minutes de marche. Je demande à un commerçant quel bus va à Jérusalem. Il pointe du doigt un van, c'est parti. Le conducteur ne partira pas tant que les 8 places ne seront pas complètes. Alors, pour patienter, j'écoute tranquillement de la musique. Je vois deux militaires s'approcher du van, des femmes. Il faut dire que je ne suis pas habitué à voir des femmes en treillis kaki. Bien qu'il y en ait en France, il faut reconnaitre que la profession est majoritairement masculine. Elles balaient du regard les passagers puis s'attardent sur le seul arabe du van. Après l'avoir pointé du doigt, elle « l'invite » à descendre du véhicule. Elles l'emmènent à l'écart et font durer la vérification des papiers. Le chauffeur a eu le temps de trouver un passager pour le remplacer. Nous partons sans l'arabe, retenu par un contrôle au faciès, à peine dissimulé. Le van suit la ligne dessinée par les collines. Tantôt des virages, tantôt des pentes. Le paysage est rocailleux bien qu'à des endroits, il y ait des exploitations agricoles. Je suis également surpris du nombre de conifères qui longent la route. Le trajet dure environ 1h.

Le Mur des Lamentations

Nous arrivons dans Jérusalem, d'abord dans sa périphérie, puis en son centre. Assez naïvement, je pensais que Jérusalem était restée une ville ancienne. Evidemment que non, j'eus presque honte de ce manque de réflexion. Jérusalem est une mégalopole de près d'un million d'habitants. Plus on se rapproche du centre-ville, plus les bâtiments récents sont remplacés par les bâtiments anciens. Je m'étonne des premiers juifs orthodoxes que je croise et ne réalise qu'à ce moment là où je suis. Le van s'arrête à la *central station*, près de la porte de Damascus.

Si Jérusalem est une ville en plein essor, elle n'en a pas pour autant perdu l'authenticité pour laquelle je suis venu : la vieille ville. Protégée par de hauts remparts en pierre ocre, accessible depuis seulement 11 portes dont l'architecture diffère et a été réfléchie avec goût. Me voilà devant le berceau des religions monothéistes. Je n'entre pas directement à l'intérieur et m'assieds quelques instants sur les escaliers qui font face à la porte de Damascus. Cette entrée ressemble à deux donjons d'un château fort. Je prends le temps de réaliser la richesse de cette ville. J'imagine les peuples antiques tels que les sumériens ou les nabatéens y commercer. J'imagine la présence des Juifs, la naissance du Christianisme, l'occupation romaine, grecque, les croisades. Je vois toutes ces époques défiler sous mes yeux.

J'entendrais presque les sabots des chevaux frapper les pavés. Allez, je me lance, prêt à recevoir cette claque culturelle. La porte de Damascus se situe dans le quartier arabe musulman. Oui, il existe des quartiers selon sa confession. Dans la vieille ville, qui ne s'étend que sur 0,9 km^2, il y a un quartier arabe musulman, un quartier arabe chrétien, un quartier arménien et, bien sûr, un quartier juif. Au sein de la nouvelle ville, la division se fait avec Jérusalem Est, supposément réservée aux Palestiniens et le reste, aux Juifs.

Je décide de débuter ma visite, en ce milieu d'après-midi, par le mur des lamentations. Je dois d'abord traverser le quartier arabe musulman qui regorge de souks et de commerce. Par le plus grand des hasards, je tombe sur la *via dolorosa*, la rue que Jésus Christ aurait emprunté, la croix sur le dos, avant d'être crucifié. Sur le mur, il y a un encadré. Jésus aurait précisément posé sa main ici. Légende ou réalité, je pose ma main au même endroit. Je continue ma route avant de m'arrêter quelques instants pour boire un jus de grenade.

Je profite de cette pause pour envoyer un message à Simon. Simon fait partie de la communauté des Couchsurfers. Rien de sectaire non, j'en fais aussi partie. Couchsurfing est une application qui permet de rencontrer des locaux et de dormir chez eux, gratuitement.

L'idée est de partager un moment d'échanges avec notre hôte ou avec notre invité. Par exemple, j'ai déjà hébergé un Irlandais qui faisait la traversée de l'Europe à vélo. Je ne lui ai pas demandé un centime et l'ai hébergé à bras ouverts, juste pour le plaisir de rencontrer quelqu'un que je n'aurais sûrement jamais eu l'occasion de rencontrer autrement. Bref, Simon me répond dans la foulée. Je le retrouve à 18h30 et reprends mon GPS pour trouver le mur des lamentations.

Les ruelles s'entremêlent si souvent que même le GPS se perd. J'opte alors pour m'orienter à l'ancienne, avec les panneaux. Je dois dire que c'est bien plus pratique et que cela m'évite d'avoir les yeux rivés sur mon téléphone. Le mur des lamentations est farouchement surveillé et son entrée est contrôlée. Je passe par l'un des postes de contrôle. Je dépose mes objets électroniques, fais glisser mon sac dans le boitier à rayons X et m'engouffre sous le détecteur de métaux. M'y voilà. Le mur des lamentations mesure environ 30 mètres de hauteur et plusieurs dizaines de mètres de large. C'est le vestige d'un ancien temple construit par Salomon, un personnage important dans le Judaïsme. Cet ancien temple n'était pas n'importe quel temple. A l'intérieur, auraient été entreposés des fragments de la table des 10 commandements, protégés par l'Arche d'Alliance. Cette table est le point de départ des 3 grandes religions monothéistes. C'est elle qui pose le célèbre : « *tu ne tueras point, tu ne voleras point...* ». Autant dire, les fondamentaux de la religion ! Même si l'Histoire, en ce y compris l'actualité, nous a montré qu'il ne s'agit que d'un mirage.

Alors, me direz-vous, pourquoi le mur des lamentations est la place sacrée des Juifs et pas celle des Chrétiens et des Musulmans ? Sûrement parce que c'est Moïse qui a reçu la table des commandements, sur le mont Sinaï, après avoir libéré le peuple Juif de l'esclavagisme pour retourner en Terre promise. Promise par qui ? Par Dieu lui-même ! Si l'on en croit la théologie, il y a plusieurs milliers d'années avant la naissance de Jésus Christ, à l'époque où le monothéiste n'existait pas, Dieu se serait révélé à Abraham par l'intermédiaire de l'ange Gabriel. Il lui aurait dit que le polythéisme n'existait pas et qu'il ne devait croire qu'en lui, seul et unique Dieu. Dieu lui aurait alors confié pour mission de répandre cette nouvelle pour éradiquer le polythéisme devenu hérétique. En échange, Dieu promettait à Abraham une descendance ainsi qu'une terre, la Terre promise. Abraham devait toutefois prouver sa dévotion. Pour ce faire, il devait sacrifier l'un de ses deux fils : Ismaël ou Isaac. Pour les musulmans, Abraham aurait choisi de sacrifier Ismaël. Pour les juifs, il aurait choisi Isaac. Bref, au moment d'abaisser l'épée sur la tête de son fils, l'ange Gabriel remplaça l'enfant par un mouton. Ce qui explique le traditionnel laïd chez les Musulmans où le mouton est égorgé, ou encore la raison pour laquelle les Juifs soufflent dans des cornes de bélier, appelées *chopfar*, lors des fêtes religieuses. Peut-être y a-t-il également un lien avec l'agneau que les Chrétiens mangent à Pâques. Ce qu'il faut surtout en retenir c'est que, finalement, le Dieu des Juifs, des Chrétiens, des Musulmans est le même. Ce qui diffère, c'est la manière de le prier, de s'adresser à Lui. Ces tergiversations intellectuelles devant le mur des lamentations m'en font oublier de l'observer. Il y a des Juifs qui portent une simple Kippa, d'autres qui s'entourent le bras d'une étrange lanière en cuir, puis il y a les Juifs orthodoxes. Leur tête sont coiffées d'un large chapeau rond, dont le bord semble recueillir l'ombre de l'histoire qu'il incarne. Sous le chapeau, des boucles brunes et impeccablement enroulées encadrent leur visage, des mèches distinctives connues sous le nom de *peot*, qui dansent légèrement au rythme de leurs pas.

Je souhaite m'approcher du mur mais je n'ai pas de kippa… Je vois que les touristes portent tous la même kippa blanche. Je demande à l'un d'entre eux de me montrer où il l'a trouvé. Il m'emmène devant une grosse boite en plastique dans laquelle les kippas blanches s'empilent. Elles sont en libre-service, sûrement le paradis des poux. Je mets ce couvre-chef religieux qui s'envole en à peine 5 minutes avec le vent. Je joue au chat et à la souris avec lui environ 3 fois avant de trouver le bon positionnement pour qu'il reste fixé sur mon crâne.

Je peux désormais m'approcher du mur. J'entends à peine le chuchotement des prières, comme un sifflement intense qui se répète en boucle et qui ne demande qu'à recevoir l'oreille attentive d'un Dieu. Les Juifs balancent leur tête d'avant en arrière, comme un vrai pendule. Je les suppose en état de transe, entre la répétition des prières et ce mouvement incessant de va-et-vient de la tête. J'aperçois certaines personnes rouler un petit bout de papier et le glisser entre deux pierres composant le mur. Un homme me demande un stylo. Coup de chance, j'en avais un dans ma poche pensant remplir un visa à l'arrivée sur le territoire. L'homme écrit quelques lignes, me rend le stylo et part insérer son bout de papier dans le mur. Ce sont des prières. Même si je ne suis pas Juif, je décide de faire de même, sait-on jamais. Je déchire un morceau du magazine sur la diplomatie qui ne m'avait pas quitté depuis cette bonne vieille gare de Tours, puis écris quelques lignes. J'approche du mur, l'air solennel, et peine à trouver une place pour ma prière. Je superpose le papier sur une dizaine d'autres, dans une petite fente qui laisse à peine de place pour y glisser une phalange.

Sur ma gauche, il y a une entrée qui mène à l'intérieur des ruines, je l'emprunte. Là-encore, les Juifs se prêtent au même cérémonial qu'à l'extérieur. Néanmoins, il y a des sortes de petites bâtisses en bois qui ressemblent à des confessionnaux mais qui n'en sont évidemment pas. Un tissu en velours rouge décore chacun de ces cabanons sacrés. Ici, il n'y a que des Juifs orthodoxes. Une voix grave et chantante prend le dessus sur les chuchotements. Le chanteur invoque une prière, ou récite une partie de la Torah (je ne sais pas) et les autres, l'imitent. Une véritable chorale religieuse débute, alors, je reste planté là, plongé dans un univers complètement différent du mien. L'heure tourne et je dois rejoindre Simon. On s'est donné rendez-vous devant « *Aish hatorah world center* ». J'ai de l'avance. Un jeune homme attend aussi devant la porte de cet endroit. Il me demande si je connais le code pour y accéder. Je lui réponds :

- Non du tout, je ne suis pas d'ici. Mais qu'est-ce qu'il y a derrière cette porte ?
- C'est un lieu pour étudier la Torah. Peu importe ta confession, tant que tu es intéressé par le judaïsme. Il y a des livres dans toutes les langues et tu es libre d'apprendre par toi-même ou d'être accompagné par un professeur.

Je trouve le concept plutôt intéressant. Tiens, la porte s'ouvre et le jeune homme se faufile à l'intérieur en me souhaitant tout le bonheur du monde. Je patiente 15 minutes supplémentaires avant de voir Simon. Un grand monsieur d'environ 1m90 et doté une imposante barbe. Il porte un long vêtement noir, un peu comme le manteau porté par les Juifs orthodoxes :

- *Shalom* Alexandre, bienvenu ! Je suis ravi de te rencontrer.
- Bonjour Simon, de même ! Merci de m'accueillir.

Il me tarde d'échanger un peu plus avec lui. Nous passons sous un porche, empruntons le renfoncement d'une rue et arrivons devant sa porte. Il l'ouvre et je découvre un luxueux appartement décoré avec goût. Je n'ai pas le temps de m'installer et voilà que Simon me demande de l'aider. Il y a une vingtaine de housses de draps propres, une trentaine de chaises en plastique empilées les unes sur les autres et... plusieurs valises. Simon me demande de récupérer tout le mobilier pour le sortir de l'appartement et l'emmener dans un autre lieu. Je prends 4 chaises avec moi, elles sont suffisamment lourdes comme ça, surtout avec la fatigue que j'ai accumulée. Lui, n'en prend même pas une.

Je le suis dans une ruelle et monte une dizaine de marches dans un escalier si étroit que je manque de perdre l'équilibre avec mes bras surchargés. Nous arrivons dans un patio. Quelques pots de fleurs décorent le lieu et le linge sec suspendu au fil ne demande qu'à être rentré. Simon me donne le digicode « 7896 » (un système manuel dépourvu de tout besoin électrique). J'arrive dans une immense salle au carrelage froid. Le peu de lumière ne me permet pas de distinguer une once de décoration. Je ne comprends pas vraiment où je suis. Une baie vitrée d'environ 7 mètres de large se dresse devant moi. De là, une lumière dorée jaillie et inonde la pièce.

Je pose les chaises dans un coin et m'approche de cette source de lumière. Je suis stupéfait par la vue, littéralement scotché. Comme si cela n'était pas réel. Comme si cette vitre était en réalité un écran géant sur lequel on projetait un film. Je suis devant le mur des lamentations. Je me trouve dans l'enceinte du mur. Je regarde les croyants défiler sous mes yeux. Je surplombe la ville et en profite aussi pour admirer le Dôme du rocher, lieu sacré des Musulmans, mais nous y reviendrons plus tard. Le Dôme est une belle et imposante coupole dorée posée sur un édifice d'un bleu pur. Simon me regarde, le sourire aux lèvres devant mon émerveillement et me dit :

- C'est ici que tu vas dormir, mais avant, aide-moi à remonter le reste.

Je multiplie les allées-venues entre son appartement et cet étrange endroit, les bras chargés de mobiliers. Simon ne m'aide pas. Au contraire, il me donne des directives et je me sens obligé d'acquiescer, reconnaissant d'être hébergé gratuitement. Le contremaître me laisse enfin seul après s'être assuré de ma bonne compréhension de ses directives.

Je profite de son absence pour explorer les lieux et essayer de comprendre où je suis, où je m'apprête à passer la nuit. Cette immense pièce ne ressemble en rien à un appartement et Simon ne semble pas y vivre. D'ailleurs, n'est-il pas strictement interdit de se trouver dans l'enceinte du Mur des lamentations ? A gauche de l'entrée, il y a une cuisine. Je vais à l'intérieur et tombe sur un homme d'une quarantaine d'années accompagné de son fils, des Russes. Ils ne comprennent pas un mot d'anglais, impossible de savoir ce qu'ils font ici. Ils n'ont pas l'air menaçant, c'est déjà ça. Pour détendre l'atmosphère, je lui adresse quelques mots amicaux en russe que j'avais eu l'occasion d'apprendre avec un ami Arménien (il y a beaucoup de russophones en Arménie, bien que la langue nationale soit l'arménien).

Si l'atmosphère est détendue, l'inquiétude me rattrape rapidement à l'analyse de la cuisine. Elle ne ressemble pas à une cuisine domestique mais à une cuisine de restaurant. Mais si je ne suis pas chez Simon, où puis-je bien être ? D'où viennent les valises laissées à l'abandon qu'il me demande de remonter ? Pourquoi y a-t-il autant de chaises ? Attend-t-il du monde ? Le mois dernier, j'avais regardé la série *Dahmer* sur Netflix, alors je commence à me faire des films. Simon serait-il un psychopathe ? Qui est ce Russe d'ailleurs ? Je n'ai même pas eu l'occasion de parler en profondeur avec Simon alors… Qui est cet homme ? Les questions se bousculent dans ma tête et les idées sombres aussi. Dois-je fuir ? J'ouvre chaque tiroir, chaque placard et ouvre même le frigo pour m'assurer qu'il n'y ait pas une tête découpée qui attend d'être dévorée.

Rien de tout ça, fort heureusement. Mais le doute ne se dissipe pas. Le frigo est plein à craquer de bouteilles de pétillants. Simon doit être riche, vais-je finir comme dans certains films d'horreur ? La victime d'une secte élitiste aux rites sataniques ? Ce qui expliquerait le nombre de bouteilles et de chaises… La porte d'entrée vient de s'ouvrir et plusieurs voix s'entremêlent. Qui vient d'arriver ? Le pas peu assuré, je me dirige vers la sortie de la cuisine. Quatre jeunes, aux airs de baroudeurs, posent leurs affaires. Je leur demande :

- Bonjour, vous êtes des Couchsurfers ?

  Une des deux filles me répond :
- Exactement ! Toi aussi ? C'est quoi cet endroit ? Y a une vue de malade !

Je suis rassuré d'être avec d'autres Couchsurfers, je ne suis plus seul sur mon navire !

- Je n'ai aucune idée d'où nous sommes. Une chose est sûre, ce n'est pas un appartement. Il n'y a même pas de douche ! Bien qu'il y ait 4 WC. Venez m'aider, on doit remonter un tas de bordel.

Mes nouveaux compagnons m'emboitent le pas et leur aide m'allège d'un certain poids. Ils parlent une langue que je ne reconnais pas.

- Vous venez d'où ?
- De Grèce !

    Nous terminons enfin d'effectuer les tâches demandées par Simon. Il nous gratifie d'un simple merci et nous autorise à se servir dans le frigo ! Autrement dit, nous pouvons boire toutes les bouteilles si ça nous chante. Après ça, il nous souhaite une bonne nuit et disparait. J'avoue que je ne dis pas non à un verre pour me détendre, toujours en proie aux doutes sur les réelles intentions de Simon et sur le fait de passer la nuit dans cet endroit étrange. Nous ouvrons une bouteille et fouillons les placards pour trouver des verres. J'évite de m'enivrer de peur qu'il y ait une drogue dans la boisson. C'est sûr qu'en y réfléchissant, je dors gratuitement face à la plus belle vue de Jérusalem, dans un endroit qui n'est pas un appartement, sur un matelas posé à même le sol et tout ça, par l'intermédiaire d'un gars plus qu'étrange. Je reste sur mes gardes. Les Grecs sont plutôt sympas et décident de se mettre en cuisine. Ils ont acheté un panier de légumes, les épluchent et les font cuire afin d'en faire un bouillon. Pendant que les légumes cuisent, nous discutons. Je retiens surtout que le salaire minimum grec est aux alentours de 830 €, tu m'étonnes qu'ils dorment en Couchsurfing. Le bouillon est prêt. Nous l'agrémentons avec du pain, les yeux rivés sur le mur. Il est minuit et voilà que les Juifs prient encore. J'en vois même se hâter vers le Mur, la torah sous le coude. A cette heure-ci, il n'y a plus aucun touriste en vue et l'atmosphère qui entoure ce lieu change radicalement, empreint de magie. Cela me remémore la nuit que j'avais passé à Petra, juste en face du Trésor, bravant l'Interdit accompagné de Bédouins pour dormir face à l'une des 7 Merveilles du monde moderne[2]. La porte d'entrée s'ouvre, un grand rasta avec une voix grave à l'excès fait son apparition :

- Je m'appelle Joshua, j'habite ici. Et vous ?

    Merde… Nous squattons chez quelqu'un !

---

[2] La Jordanie en roue libre – Alexandre THINON

- Nous sommes des Couchsurfers, un certain Simon nous a proposé de dormir ici.
- Tu le connais ? répond un Grec.
- Bien sûr ! C'est mon boss, je lui loue une chambre.

Je n'avais pas fait attention, mais il y a bien deux chambres à côté des 4 sanitaires. Un autre Grec lui demande :

- Ah si tu habites ici, tu peux nous dire où est la douche ?
- Aaaaaaaaaaah, lui répond le rasta d'un gémissement si rauque que son écho se fracasse contre les pierres de la pièce.

Il reprend :

- Il n'y a pas de douche ici.

Comment fait-il pour se laver alors s'il vit vraiment dans cet endroit ? Je comprends mieux les dreadlocks… Il nous demande d'où l'on vient. Mais sa voix gutturale ne permet pas aux mots de s'échapper harmonieusement de sa bouche. Autrement dit, je ne pige rien à son anglais. Après quelques échanges infructueux, il part se coucher. Les Grecs parlent entre eux, ils parlent sérieusement. Je ne comprends rien à leur conversation et n'ai pas l'énergie de la déchiffrer. Cette langue me berce comme une musique de fond.

J'installe mon matelas au pied de la baie vitrée. Avec une vue comme celle-ci, hors de question de dormir dans une chambre. La fatigue est si présente que même la lumière du mur n'arrive pas à me tenir éveillé.

RAMALLAH

7h00, je me réveille. Le bleu du ciel fait ressortir la coupole dorée du Dôme du Rocher. Les premiers croyants accourent devant le Mur et prient déjà. Je remarque que les Grecs m'ont imité en installant leurs matelas au même endroit. Ils dorment encore profondément. Je me brosse les dents, fais une toilette de chat et quitte cet endroit unique, heureux de ne pas m'être fait assassiner pendant mon sommeil.

J'envoie un message à Simon pour le remercier, même si je n'ai toujours pas compris qui il était, ni où je venais de passer la nuit. Mon téléphone sonne, c'est Ahmad. Ahmad est un Palestinien qui vit à Jérusalem. Je l'ai rencontré l'année dernière dans une auberge de jeunesse en Jordanie. Je l'avais prévenu de mon arrivée dans sa ville et lui avait proposé de se revoir. Voilà qu'il prend les devants :

- Salam aleykoum Alex, comment tu vas ? T'es à Jérusalem ?
- Marhabat, ça fait plaisir d'entendre ta voix ! Oui je suis arrivé hier.
- Et t'as prévu quoi aujourd'hui ?
- Je vais aller sur l'esplanade des mosquées puis à l'église du Saint Sépulcre.
- Tu voudrais pas plutôt m'accompagner à Ramallah ? Ma sœur habite là-bas.
- Ramallah ? C'est où ça ?
- En Palestine ! Alors, ça te tente ?
- N'oublions pas que si je vadrouille en solitaire, sans programme prédéfini, c'est justement pour pouvoir accepter ce genre de proposition qui sort de nulle part.
- Carrément ! On se donne rendez-vous où ?
- Dans 30 minutes à la porte de Damascus, ça te va ?
- C'est parfait.
- Avant d'entrer en Palestine, j'ai juste une petite question à te poser. T'es de quelle religion ?

- Chrétienne, pourquoi ?
- Non comme ça, tout le monde est le bienvenu. On va prendre un premier bus pour Ramallah puis nous prendrons un autre bus pour aller chez ma sœur.
- Hum… D'accord. A tout à l'heure !

Je raccroche et regarde sur la carte où se trouve Ramallah. Ramallah est à la « frontière » sud, si on peut l'appeler ainsi, séparant Israël des territoires Palestiniens. Avant tout, il faut que je vérifie s'il n'est pas trop dangereux d'y aller. Je consulte alors le site du ministère des affaires étrangères, France Diplomatie, afin d'avoir plus de renseignement sur la zone où je m'apprête à voyager. J'ouvre la page internet, clique sur l'onglet « *sécurité* » et descends à la moitié de la page. Je ne suis pas surpris, il est « *formellement déconseillé sauf raison impérative* » de se rendre en Palestine. Le gouvernent français peut avoir tendance à exagérer la situation dans certaines zones, alors je décide de demander à Liran s'il est vraiment dangereux de se rendre en Palestine. Liran est un Israélien qui vit à Tel Aviv, c'est un Couchsurfer qui a accepté de m'héberger deux nuits la semaine prochaine. J'envoie le message et sa réponse ne tarde pas :

- Qu'est-ce que tu vas faire là-bas ? Bien sûr que c'est dangereux. N'y va pas. Ou en tout cas, pas seul !

Ça n'a pas de quoi me rassurer. Je demande alors à Ahmad s'il est certain que la situation est stable en ce moment. Il me le confirme, bon assez tergiversé, allons-y !

Je me dirige vers la porte de Damascus, marchant de nouveau dans le quartier musulman avec lequel je commence à me familiariser. Quelque chose attire mon attention, je suis le seul à marcher dans cette direction. Une véritable marée humaine déferle dans les rues et avance vers le Sud-Est de la ville. J'avoue ne pas comprendre ce qui se passe et commence à m'inquiéter. Ces personnes sont-elles en train de fuir quelque chose ? Elles n'ont pourtant pas l'air paniqué, je décide malgré tout de poursuivre mon chemin. J'arrive à l'heure au point de rendez-vous, jouant des coudes pour me faufiler dans cette foule impénétrable. Ahmad n'est pas encore là. Je m'assieds en haut des escaliers, près de la guérite où deux militaires surveillent l'entrée de la ville. J'observe les commerçants en contrebas qui hurlent sans doute des slogans publicitaires pour vendre leurs produits. Du haut de ces escaliers, j'observe un ancien avec une canne qui peine à monter, un jeune propose de l'aider. Le vieux refuse, bien qu'il soit en difficulté, c'est sa fierté qui répond pour lui. Plusieurs petits groupes de personnes sont assis et discutent. Je ne comprends pas l'arabe mais je les imagine discuter de leur quotidien, raconter leurs joies et leurs peines.

Ahmad a du retard. Je prends mon mal en patience et jette un coup d'œil dans la guérite. La militaire, plutôt séduisante, rassure une femme affolée qui vient de se faire voler son téléphone. Vu la foule qu'il y a ce matin, je ne suis pas étonné qu'une main étrangère ait pu se glisser dans sa poche. La foule continue d'avancer vers la même direction pendant que moi, assis-là, ne détecte aucun danger.

Ahmad arrive, cela faisait si longtemps que je ne l'avais pas vu, je ne l'avais presque pas reconnu ! Il s'est rasé les cheveux et s'est laissé pousser la barbe. Je n'en crois pas mes yeux de le voir de nouveau. Nous nous faisons une accolade et fonçons vers le bus pour Ramallah, pas de temps à perdre !

- Désolé du retard Alex, il y avait trop de monde dans les rues, un véritable embouteillage humain !
- Oui j'ai vu ça ! Tout le monde va dans la même direction, je ne comprends pas pourquoi.
- On est vendredi l'ami, c'est le jour de la prière, ils vont vers la mosquée Al-Aqsa, celle où se trouve le dôme doré.

Je comprends mieux ! La marée humaine était en réalité un cortège de musulmans en chemin vers la prière. Nous arrivons à l'arrêt de bus. Les tickets ne s'achètent pas à bord. Il faut les prendre sur la borne. Ahmad sort de sa poche une carte de bus et met 50 shekels (environ 14 €) dessus. Il me tend la carte. Je ne m'attendais vraiment pas à ce qu'il paie mon trajet ! Même si l'attention me touche énormément, je ne peux accepter ce geste. J'essaie de lui donner un billet de 50 shekels, en vain.

- Tu es mon invité, aller, viens. dit-il en montant dans le bus.

Nous traversons Jérusalem par le nord. Les beaux bâtiments du centre-ville s'effacent peu à peu au profit d'immeubles de banlieue. Le bus s'arrête de temps à autre pour laisser descendre et monter des passagers. Il n'y a plus de place assise alors on s'agrippe tant bien que mal aux poignées, valsant au gré des virages. Ahmad travaille dans une usine qui fabrique du pain de mie. Il choisit librement ses jours et ses heures de travail. Il me confie préférer avoir du temps libre plutôt qu'avoir de l'argent. Bon, après tout, ce n'est pas un grand dépensier, je comprends qu'il ne ressente pas le besoin de consacrer sa vie au travail. Nous quittons la périphérie de Jérusalem et parcourons quelques kilomètres désertiques avant de descendre du bus.

Nous sommes aux portes de la Palestine. Je remarque un péage où se font contrôler chaque voiture aussi bien pour entrer que pour sortir. Un imposant mur fait office de frontière. Surveillé via les tours de contrôle et imprenable grâce au fil de barbelés. Une porte permet d'accéder à l'autre côté. A ma grande surprise, nous passons le tourniquet de sécurité sans subir le moindre contrôle. Sûrement car nous sommes à pied. En tout cas, la zone reste pleine de militaires et la tension se fait ressentir.

Nous passons de l'autre côté du mur, mes premiers pas en Palestine. Depuis ce checkpoint, nous devons prendre un van pour aller jusqu'à Ramallah. Le trajet dure près de 30 minutes. Je suis entouré d'hommes au teint basané et de femmes au visage voilé. Evidemment, je suis le seul touriste. Naturellement, j'adore ça. Je suis exactement là où il ne faut pas être, coupé du monde extérieur avec pour seul repère : Ahmad.

L'hébreu a laissé la place à l'arabe, que ce soit dans les discussions ou sur les enseignes des magasins. Une femme à côté de moi me confie une pièce, elle veut que je la donne au conducteur puisque je suis à côté. Je m'exécute. C'est ensuite au tour d'un homme de me donner une pièce. Le van ralentit et Ahmad me demande 10 shekels pour payer le trajet. Le conducteur ne semble pourtant pas bien vigilant sur qui paye combien. Ça m'étonnerait qu'il sache qui a payé ou qui n'a pas payé puisque c'est moi qui lui donne la monnaie, tel un robot, sans même savoir quel passager règle quel trajet. La confiance semble régner.

Le van s'arrête sur le bord d'un trottoir et nous descendons. Je m'attendais à découvrir une ville à moitié en ruines où les gens crèvent de faim, où la racaille et le terrorisme inondent les rues et où le danger se fait omniprésent. Une sorte de Gaza. Je me suis mis le doigt dans l'œil ! Je découvre une charmante ville typique du Moyen-Orient. Les bâtiments sont relativement récents et semblent habités. Il y a des commerces à foison, des belles voitures et des routes en bon état. Au bout de la rue, trône un magnifique rond-point au milieu duquel jaillit l'eau d'une fontaine encerclée par quatre lions en pierre.

Ahmad s'arrête devant un petit marchand et achète des fraises... *Made in Gaza* ! J'utilise mes deux mots d'arabe et demande au marchand combien coûtent les fraises. Ça le fait sourire. Il me répond en arabe sauf que... Je n'ai pas encore appris les chiffres ! Ahmad paye les fraises et nous continuons. Le marchand crie quelque chose à Ahmad.

- Il vient de te dire quoi ? lui demandais-je.
- Il m'a dit de veiller sur toi.

Cette bienveillance me touche et me rappelle les rencontres faites l'année passée en Jordanie. Nous flânons dans les rues et voilà que l'envie d'aller aux toilettes me prend.

- Tu penses que je peux demander à utiliser celles d'un restau ?

A ce moment précis, nous sommes devant la grande mosquée de Ramallah. C'est un bel édifice coiffé d'un dôme doré et de deux minarets sur lesquels sont posés un croissant de lune.

- Moi aussi j'ai envie d'pisser, allons dans la mosquée.
- Euh... T'es sûr que ça pose pas de problème si je rentre dedans ?
- Bien sûr que non, allez suis-moi !

Nous franchissons le seuil de la porte en prenant soin de se déchausser. La salle de prière est grande et plutôt vide. Un imposant lustre tente de combler l'espace. Mes pieds s'enfoncent dans la moquette du sol, ce qui est plutôt agréable. Nous descendons des escaliers et le froid du carrelage me ramène à la réalité. Nous sommes dans une pièce où il y a plein de WC. Le problème étant que la pièce est inondée à hauteur d'environ 0,5 cm d'eau. Une vingtaine de claquettes pataugent là, voire flottent, et semblent être en libre-service. J'enfile une paire au hasard, légèrement trop grande et avance doucement pour ne pas glisser ou m'éclabousser. Je sors des toilettes et attends Ahmad quelques secondes.

Il sort aussi et nous nous lavons les mains aux côtés de ceux qui font leurs ablutions. Assez étonnamment, personne ne me dévisage, je suis à l'aise. Nous montons l'escalier et je rechausse ma paire de Nike.

La balade se poursuit dans de belles artères aux maisons claires. Une odeur de nourriture éveille mon appétit. Un vendeur ambulant fait cuire du maïs puis le badigeonne de sauce après les avoir mis dans un petit pot. Le même pot que celui que l'on utilise pour mettre ses boules de glaces lorsqu'on ne souhaite pas de cornet. J'insiste pour inviter Ahmad. Le cuistot est très souriant bien que nous ne parlions pas la même langue. Nous mangeons le maïs en continuant d'arpenter les rues, où des drapeaux sur lesquels figurent des kalashnikov, flottent paisiblement au gré du vent. Rien de rassurant.

Je demande à Ahmad où l'on dort ce soir.

- Chez ma sœur. Mais je vais l'appeler pour savoir si ça tient toujours.

Ahmad passe ce coup de fil et bascule sur l'arabe. Ça m'a toujours fasciné cette facilité qu'ont certain à basculer d'une langue à une autre. La voix qui change, les intonations aussi, le charabia qui s'en suit… C'est un peu comme si une autre personne se tenait devant moi. Je ne comprends pas le sens de la conversation mais je perçois un certain malaise. Ahmad raccroche et se tourne vers moi :

- Alex, je suis vraiment désolé mais tu ne vas pas pouvoir dormir chez ma sœur ce soir. Puisque son mari n'est pas à la maison, elle ne peut pas héberger un autre homme, surtout un inconnu. Je suis navré.
- Merde... Bon je comprends... Je dors où du coup ?
- Tu vas devoir retourner à Jérusalem...

Les yeux rivés sur nos téléphones respectifs, on se lance dans la recherche d'hôtels, vainement. Il est 17h et la nuit commence à tomber. Je ne me sens pas de retourner seul à Jérusalem, la route est longue et la vue de ces drapeaux de guerre m'a rappelé que je suis sur un territoire « à risque ». De toute façon, je n'ai pas vraiment le choix. Ahmad s'excuse de nouveau et m'indique à la louche où se trouve le bus pour rentrer. Je pars dans la direction qu'il m'indique. Après 20 minutes de marche et un ciel de plus en plus sombre, je ne trouve toujours pas l'arrêt de bus. Plus le temps passe, plus je vois mes chances de retourner à Jérusalem et de trouver un toit, diminuer. Les rues se vident petit à petit et la lumière faiblissante n'augure rien de bon. Je vois un homme sortir de chez lui pour monter dans sa voiture. J'accélère le pas pour arriver à son niveau avant qu'il ne démarre :

- Bonjour, excusez-moi de vous déranger mais savez-vous où se trouvent les bus qui vont à Jérusalem ?
- Il faut que vous retourniez sur vos pas, c'est à l'intersection un peu plus loin.
- *Schukran.*

Je vais à l'endroit indiqué et ne trouve toujours pas. Je commence à perdre patience et sens l'inquiétude m'envahir peu à peu. Je dois garder la tête froide pour trouver une solution sinon, je dormirais dehors, ici. Je retourne à l'endroit où j'avais quitté Ahmad, en espérant que mon repère soit toujours là. Ahmad fumait la chicha avec des amis à lui. Je lui demande alors de m'accompagner aux bus. Bon, je n'étais vraiment pas parti du bon côté. Je dois avouer que mon sens de l'orientation n'est pas ma plus grande qualité.

Je monte dans le van qui était sur le point de partir. Je donne une pièce au chauffeur et il m'en rend deux. Les pièces sont entreposées dans une petite coupelle, juste devant le levier de vitesse. Le chauffeur passe sa main dedans, empoigne les pièces et les laisse retomber. Il répète ce geste de façon continue. Ce geste répété sonne comme une vague qui s'écrase sur le sable avant de repartir s'engouffrer dans la mer. C'en est hypnotique. Nous arrivons au checkpoint, retour à la réalité. Pour sortir, cette fois-ci, je dois subir un contrôle par des militaires, pas possible d'y échapper. Mon passeport français et mon VISA en règle me donnent droit à un joli sourire de la femme en treillis. Je suis à l'arrêt de bus : temps d'attente estimé à 15 minutes. Je repense à ce que je venais de vivre, cette chance d'avoir pu pénétrer sur un territoire où peu de touristes se rendent et surtout… d'avoir déconstruit mes « clichés ». Une détonation m'extirpe de mes songes, puis une autre, puis encore une autre. Comme des coups de feu qui résonnent non loin de là. Je suis en alerte et échange des regards inquiets avec les quelques autres voyageurs attendant le bus. Fort heureusement, le voici.

Me voilà quelque peu rassuré d'être sain et sauf et surtout, d'avoir réussi à retrouver mon chemin. Il est 19h00 et je ne sais toujours pas où dormir. Je retournerais bien chez Simon mais bon… C'est délicat de demander un toit à cette heure-là. Je finis par trouver une auberge de jeunesse en plein cœur de la vieille ville pour seulement 22 €, petit-déj inclus ! Je saute sur l'occasion.

Arrivé à Jérusalem, je m'enfonce dans les ruelles à peine éclairées en direction de mon auberge. Il est seulement 20h00 et les commerces sont fermés. Les rues sont vides, seuls quelques chats rôdent et se chamaillent. Quelques enfants se baladent seuls à cette heure-ci. Ils ne sont pas fatigués et rient aux éclats. Je les aborde en arabe :

- Comment tu t'appelles ?
- Karim.
- Et toi ?
- Sonia.

Sonia enchaîne en anglais :

- Comment tu t'appelles ?

- Alexandre, tu as quel âge ?
- J'ai 12 ans et toi ?
- J'ai 24 ans.

Ils me demandent d'où je viens, comment je trouve Jérusalem, si j'ai des frères et sœurs… Bref, ils pratiquent leur anglais ! Je suis stupéfait par leur niveau ! L'Etat doit mettre le paquet sur les cours d'anglais à l'école. Et puis… Il faut dire qu'il vaut mieux savoir parler cette langue dans une ville aussi touristique, surtout si l'on se destine à être commerçant. Nous passons devant le drapeau d'Israël. Le petit me regarde et, les sourcils froncés, agite son index de gauche à droit en signe de « *non* ».

Je prends conscience que dès le plus jeune âge, le conflit est déjà bien présent. J'arrive enfin à l'auberge, je suis si fatigué que je n'ai pas le courage de ressortir pour me restaurer. Le plafond de ma chambre est arcbouté, les murs sont faits des mêmes grosses pierres que celles qui façonnent les rues de la ville. Il y a 10 couchages, tous plus proches les uns des autres. Je suis sur le lit en hauteur, il n'y a même pas de barrière pour me retenir si jamais je bouge dans mon sommeil. Aussi, voilà que je meurs de soif et n'ai pas de bouteille d'eau à ma disposition. Si je peux jeûner un soir sans difficulté, ne pas boire m'est insupportable. Mais il est hors de question que je ressorte.

Une femme de mon dortoir lit un livre.

- Hey, excuse-moi de te déranger mais tu sais si l'eau du robinet est potable ?
- Personnellement je la bois, mais à mon avis il vaut mieux éviter de la boire trop fréquemment. Enfin, je prendrais pas le risque.
- Merci du conseil.

J'ouvre le robinet et place ma bouteille sous le filet d'eau. L'eau qui jaillie a un aspect blanchâtre, voire laiteux. Je décide de la goûter malgré tout. RAS. Par précaution, je recherche sur internet l'origine de cette couleur. Danger de mort. Non, je plaisante, aucun risque pour la santé ! Ce phénomène est simplement dû à un changement de température ou de pression. Je bois la moitié de la bouteille d'une traite puis m'endors rapidement.

BETHLEEM

8h00, j'ouvre les yeux, inspire profondément et suis soulagé de ne pas être tombé durant mon sommeil des 2 mètres qui me séparent du sol. La promiscuité de la chambre m'étouffe au point que je saute du lit pour prendre mon petit-déjeuner sur la terrasse.

Au menu, pain pita, nutella, confiture, café… c'est royal pour quelqu'un qui n'a pas dîné la veille. Deux voyageurs discutent autour d'une table, je m'assieds à leurs côtés. Un Italien et un Suisse. On se donne quelques bonnes adresses, chacun détaille son itinéraire puis vient une question récurrente que l'on entend souvent ici : comment trouves-tu l'atmosphère de cette ville ? Car oui, entre lourd passé historique, berceau des religions monothéistes, conflit Israélo-Palestinien et omniprésence des militaires, l'atmosphère ici n'est pas la même qu'ailleurs.

L'Italien prend la parole :

- J'aime beaucoup cet endroit, mais bon, l'atmosphère me pèse un peu.
- Pourquoi ça ? lui répond le Suisse.

Le Suisse a le look d'un vieux baroudeur. Je dirais qu'il a une soixantaine d'années, voire qu'il s'approche des soixante-dix ans. Il porte un pantalon de randonnée, une polaire vert militaire et une casquette qui cache sûrement une calvitie bien avancée. Mais ce n'est pas ça qui m'intrigue le plus dans cet accoutrement. Il porte une paire de jumelles autour du cou. Je me demande bien à quoi elles peuvent lui servir. L'Italien avait déjà commencé à répondre à la question qui lui était posée pendant que je comparais le Suisse à une sorte d'Indiana Jones.

- Comme vous pouvez le voir, j'ai des origines arabes. Je pense que ça me préjudicie ici. Je me suis déjà fait contrôler 2 fois sans raison. Il y a même un militaire qui m'a frôlé avec son arme, je n'étais vraiment pas rassuré. Mais d'un autre côté, comme je ne parle pas arabe, je suscite aussi la méfiance des

Arabes. Lorsque je suis allé à la Mosquée pour prier, on ne voulait me laisser rentrer qu'à la condition que je récite une sourate du Coran. Comme si j'avais besoin de prouver ma confession. Enfin bon… c'est pesant.

Je lui partage ma compassion et enfile mon sac sur le dos pour m'en aller. Je vais au checkpoint qui donne accès à l'esplanade des Mosquées. Le militaire me refuse l'accès. Ce lieu est ouvert aux non-musulmans seulement de 7h30 à 10h30. Bon, je repasserai.

Je décide alors de quitter Jérusalem aujourd'hui pour passer la journée dans une autre partie de la Palestine, à Bethléem cette fois-ci. Je retourne à la gare de bus près de la porte de Damascus et monte dans l'un d'entre eux en direction de la ville où Jésus Christ serait né. Le bus est rempli de Hollandais. Une femme parmi les passagers attire mon attention, je la connais. Sur le trajet, j'écoute de la musique et réfléchit à l'endroit où j'aurais bien pu croiser ce visage. Après 1h de bus, nous arrivons au checkpoint 300, frontière – si on peut l'appeler ainsi – avec la Palestine. A cette occasion, j'ai pu prendre la mesure de la découpe du territoire Palestinien, parcellaire.

En descendant du bus, j'entends la voix de cette femme. C'est bon, je la remets. C'est la fille de mon auberge, celle qui m'avait dit que l'eau du robinet était potable ! Quelle coïncidence. Je la salue et sème rapidement ce groupe de blonds aux yeux bleus. Je passe le checkpoint sans difficulté. Il ressemble à celui de Ramallah, c'est une grande salle vide et froide avec un tourniquet de sécurité. Arrivé à l'extérieur, je m'étonne de voir un mur haut de 7 ou 8 mètres qui s'étend à perte de vue. Il découpe les collines qui se chevauchent dans l'horizon. Il frôle des barres d'immeubles grises et vides de charme. Des miradors sont positionnés aux endroits stratégiques. La seule décoration que je vois sont les barbelés qui dissuadent de s'y frotter. De nombreux chauffeurs de bus alpaguent les touristes et proposent des tours pour des prix plus ou moins élevés. Ce sont de bons négociateurs, ils arriveraient presque à me convaincre. Il faut dire que je n'ai pas de programme et que la journée est déjà bien entamée. Si je désire voir un maximum de choses, il serait peut-être préférable de monter dans l'un de ces véhicules. Les chauffeurs se disputent entre eux pour savoir qui sera l'heureux chauffeur du touriste. Ils me disent qu'ils m'emmèneront voir les tags de Banksy sur le mur, qu'ils m'emmèneront voir la Basilique de la Nativité, ou encore, « visiter » un camp de réfugié. Oh et puis merde, je préfère laisser le destin s'occuper du programme de ma journée, je continue à pied.

Je descends la côte goudronnée pour longer le mur. Il y a des affiches accrochées qui retranscrivent les témoignages de bavures de l'armée Israélienne. Une affiche attire tout particulièrement mon attention :

« *Derrière ce mur, les Palestiniens ne sont pas autorisés.* »

A cet instant, je ne comprenais pas la signification de ce message puisque j'étais déjà entré et sorti de Palestine, comme on entre dans un moulin.

En lisant la multitude de témoignages, je comprends que l'accès pour les Palestiniens à l'extérieur du mur qui les enferme, est impossible ou, à tout du moins, très difficile. Aux heures de pointe, ils peuvent même attendre plusieurs heures pour passer le checkpoint 300. Si bien que certains font demi-tour pour essayer de passer par un autre checkpoint.

Au-delà des témoignages écrits, il y a des tags riches de sens. L'un d'entre eux a particulièrement retenu mon attention. On y voit Nelson Mandela qui dit : « *Nous savons très bien que notre liberté est incomplète sans la liberté des Palestiniens.* ».

Il y de nombreuses images de militaires Israéliens qui pointent des enfants avec leur arme. D'innombrables « *free Palestine* », ou encore des messages de paix : « *avec l'amour, aucune guerre ne dure éternellement* ».

Je continue de longer ce mur transformé en une fresque artistique et engagée. Puis, je tombe devant une véritable œuvre d'art, qui se répercute en moi. Deux chaises, l'une rouge, l'autre jaune, sont installées autour d'une table, au pied du mur. Un tag est là, sur le mur, juste derrière la table. Il représente un trou béant dans ce géant de béton derrière lequel on peut apercevoir une ville joyeuse, lumineuse, libre. Comme si la présence de ce mur interdisait aux Palestiniens de goûter au bonheur et à la plénitude.

Je continue mon chemin et tombe par le plus grand hasard sur les œuvres de Banksy. Voilà une colombe qui porte un gilet pare-balles sur lequel un viseur est pointé, deux anges qui essaient d'ouvrir le mur avec un pied de biche… et j'en passe. Un enfant vient vers moi et essaie de me vendre des babioles. Je décline poliment. Je le vois repartir d'où il venait, derrière un petit stand où l'on peut acheter des jus de fruits. Sur le mur, juste derrière ce petit stand, un écriteau occupe plusieurs mètres : « *Faites des jus, pas des murs* ». Le message me fait sourire alors je décide de lui prendre un jus. Je pose quelques pièces dans sa petite main :

- Tu peux garder la monnaie.

Il me regarde et insiste pour me rendre les pièces de trop. Je refuse, il en a bien évidemment plus besoin que moi. Il continue d'insister et je continue de refuser. Il glisse alors les pièces dans sa poche et, avec un regard qui pétille et un sourire sincère, me remercie. J'ignore si l'atmosphère des lieux touche ma sensibilité, mais la gentillesse de ce petit garçon me donne les larmes aux yeux.

Je continue ma route, en direction de l'église de la nativité, là où Jésus Christ serait né si l'on en croit la Bible. Je prends de la hauteur sur la ville et me rends compte que le mur s'étend à perte de vue. Il faut dire qu'il s'étend sur près de 700 km ! Je m'enfonce dans les ruelles étroites. Il n'y a pas de maison ici, que des immeubles, plus ou moins grands, plus ou moins esthétiques. Mais c'est une ville qui reste développée, les routes sont en bon état tout comme les voitures qui les empruntent. Je ne croise pas de mendiant, ni de racaille. Arrivé dans l'hypercentre, les rues commerçantes regorgent de vie. J'arrive sur une place où mosquée et Basilique de la Nativité s'érigent l'une devant l'autre ou plutôt, forment un parfait voisinage. Une voix m'interpelle en anglais :

- Bonjour, vous êtes Français ?
- Oui, comment le savez-vous ?

- Je l'ai deviné ! Vous avez une tête de français.
- Comment ça une « *tête de français* » ?
- Bah une tête comme la vôtre ! J'ai l'habitude d'héberger des étrangers, dont des Français, alors je m'amuse à deviner de quelle nationalité sont les touristes.
- Sympa ! Vous les héberger chez vous ?
- Bien sûr.
- Et combien coûte la nuit ?
- Voyons, c'est gratuit !

Cet homme aux sourcils presque inexistant et au bonnet sur la tête, suscite à la fois ma curiosité et ma méfiance. Alors, je décide de le tester :

- Vous connaissez Couchsurfing ?
- J'étais un Couchsurfer avant, mais depuis le covid, l'appli est devenue payante alors… je l'ai supprimé.

C'est effectivement le cas. Je choisis de lui faire confiance bien que je garde toujours un œil sur mes arrières. Il sort de sa sacoche un petit cahier et l'ouvre fièrement. A l'intérieur, il y a une centaine d'avis écrit à la main et dans toutes les langues ! Il tourne une page rapidement et je tombe sur l'avis d'un français, Julien, qui raconte le merveilleux séjour qu'il avait passé en la compagnie de Tony.

- Tu t'appelles Tony, c'est ça ?
- Oui et toi, comment tu t'appelles ?
- Alexandre, enchanté.

Tony propose de me faire visiter la ville et j'accepte de le suivre. Je prends un thé parfumé à la sauge pour m'accompagner, Là-aussi, ça me rappelle la Jordanie. Je reste méfiant devant tant de gentillesse, alors je préfère être clair dès le début :

- C'est gentil de vouloir me faire visiter, j'apprécie. Mais je n'ai pas d'argent à te donner tu sais.

- Voyons, si je fais ça ce n'est pas pour l'argent ! C'est que j'aime rencontrer des étrangers et partager avec eux un bout de mon quotidien, c'est tout. dit-il d'un ton apaisé
- Dans ces cas-là, j'apprécie d'autant plus !

Tony apprend le français alors, il s'exerce avec moi :

- Je vais t'emmener dans ma paroisse.
- Ah tu es chrétien ? Je pensais que tous les Palestiniens étaient musulmans.
- Je suis chrétien, nous sommes en minorité mais bon… nous sommes là quand même !

J'en profite pour lui demander pourquoi il y a encore des décorations de Noël alors que nous sommes à la mi-janvier, peut-être pour les touristes en pèlerinage ? Il m'explique que ce sont les décorations du Noël des chrétiens orthodoxes qui n'ont pas encore été enlevées. Il faut dire que c'était il n'y a pas si longtemps, c'est-à-dire le 7 janvier dernier.

- Pourquoi les chrétiens orthodoxes ne fêtent pas Noël en même temps que les chrétiens des autres courants ?
- A vrai dire, les orthodoxes fêtent Noël le même jour que nous, simplement, leur calendrier n'est pas le même ! Ce qui explique cette différence de date. Le 7 janvier du calendrier des chrétiens orthodoxes correspond donc au 25 décembre du calendrier commun à la plupart d'entre-nous.

Je trouve ça étonnant mais bon… La complexité des religions est un combat intellectuel que je n'ai pas la force de mener. Nous arrivons devant la chapelle où se recueille Tony, la chapelle Sainte Catherine. Le prêtre est en train de fermer les portes, Tony accélère le pas et lui demande d'attendre. Ils se connaissent. Le prêtre nous accorde 5 minutes à l'intérieur de ce lieu. Des bancs en bois massifs sont ancrés dans le sol et de grands piliers en pierre soutiennent la voûte. Mais ce n'est pas ça que Tony souhaite me montrer. Nous descendons dans la crypte. C'est une petite grotte dans laquelle se trouve un tombeau.

- C'est le tombeau de Saint Jérôme, celui qui traduisit la Bible en latin. Il a donc eu un rôle très important dans l'évangélisation de tout l'Empire romain.

Intéressant. Nous sortons de la chapelle et remercions le prêtre qui commençait à s'impatienter. Tony me propose d'aller dans un endroit qui lui tient à cœur, sans pour autant me dire où. Nous longeons la Basilique de la Nativité et descendons en contrebas. Tony pousse une lourde porte métallique sur notre droite. Je lui emboite le pas. A ma grande surprise nous sommes… dans un cimetière. La méfiance reprend le pas sur la confiance. Discrètement, je regarde l'intérieur de la sacoche de Tony pour vérifier qu'il n'y ait pas de couteau. RAS. Aussi curieux que cela puisse paraitre, les tombes ne sont pas sous terre. Elles sont « rangées » dans un bloc de béton, à l'horizontale. Un peu comme la chambre frigorifique d'une morgue. Je suis Tony derrière un bloc de tombes, à l'abri des regards. Il me regarde et me dit :

- Voici la tombe de ma mère, c'est sa photo là. C'est moi qui ai fabriqué les croix chrétiennes avec des branches de sapin, des roses et des boules de Noël. Je compte fabriquer une grande couronne de l'avent pour continuer de décorer sa tombe. J'étais très proche de ma mère.

La méfiance que j'avais s'évapore et je réalise qu'en réalité, Tony est seul depuis le départ de sa mère et a simplement besoin d'en parler. Je lui prête une oreille attentive. Il me parle de ses souvenirs avec elle et de la difficulté du deuil. Tony m'émeut. Je ressens une profonde bienveillance en lui et sa solitude me peine. J'espère sincèrement qu'un jour, il trouvera ce qu'il cherche. Tony me propose de dormir chez lui ce soir, malheureusement, je ne peux pas. Je dors de nouveau à l'auberge de Jérusalem. Tony me demande quel est mon programme pour les prochains jours pour savoir si je pourrais revenir lui rendre visite.

- Demain je visiterai Jérusalem. En revanche, je n'ai aucune idée de ce que je ferai les jours suivants, je n'ai pas vraiment préparé de programme. Mais si je reviens à Bethléem, je te ferai signe, sois-en certain !
- Ça marche, voici mon numéro. Je t'accompagne à la Basilique de la Nativité. Mais je ne pourrai pas rester avec toi, la file d'attente est trop longue.

Tony m'accompagne, nous demandons à un touriste de nous prendre en photo, puis l'on se sépare non sans émotion. Un homme bienveillant et accueillant comme lui, il y en a peu qui peuple cette Terre. Je me sens chanceux d'avoir fait sa rencontre.

L'intérieur de la Basilique est assez vide. Seule une mosaïque dont la moitié a été dégradée par le temps, décore un mur. L'attente pour entrer dans la crypte où Jésus Christ serait né est d'environ 1h. Heureusement, j'entends derrière moi un groupe de 3 personnes parler français. Je me retourne et leur dis :

- Excusez-moi, j'ai entendu que vous parliez français, vous savez si la queue va durer longtemps ?
- La phrase « brise-glace » est lancée.
- Difficile à dire... la dernière fois que j'étais venue j'avais attendu à peu près 1h, me répondit la fille.
- Ah bon, t'es déjà venue ?
- Oui. Je fais mes études à Jérusalem.
- Génial ! T'étudies quoi ?
- J'suis en sciences-po, je suis là depuis septembre.
- Vous aussi les gars ?
- On est aussi en sciences-po, mais on étudie au Caire ! On rend visite à Nadia.
- Vous êtes au bon endroit pour étudier la géopolitique je suppose, comment est la vie au Caire ?
- Plutôt cool ! On avait peur de se faire prendre pour des touristes à chaque coin de rue mais finalement pas du tout. Après faut dire qu'on a appris l'arabe, donc ça passe mieux pour pas se faire avoir.

Nous avançons de quelques pas et veillons à ne pas nous faire doubler par des touristes impolis. J'en profite pour demander à Nadia :

- Il me reste 5 jours en Israël, mais j'ai rien prévu de particulier. J'suis un peu parti à l'arrache, tu me conseilles de faire quoi ?
- Tu peux aller à Ein Gedi, y a une belle rando à faire là-bas dans le Wadi Arugot. Ensuite tu peux aller à Mitzpe Ramon, c'est un p'tit bled dans le désert

et y a un énorme cratère ! Puis pour terminer, tu peux faire un tour à Eilat, y a des plongées sympas à faire là-bas.
- Ok top ! Merci des conseils.

Le destin est quand même plutôt bien fait et l'imprévu aussi. Nous arrivons à l'entrée de la crypte. L'entrée est exiguë, il faut descendre quelques marches pour entrer à l'intérieur. Il y a deux groupes de touristes qui se disputent pour savoir lequel d'entre eux entrera en premier, des groupes d'Argentins. Je suis exaspéré devant la bêtise humaine. Que l'on croit ou pas à la sacralité de ce lieu, il est absolument déplacé de s'invectiver et de se chamailler ici. Ils n'arrivent pas à se mettre d'accord sur lequel des deux groupes entrera en premier alors même que… les deux pourront entrer dans tous les cas. La situation est bloquée et la marée humaine qui s'agglomère devant l'entrée manque de me faire basculer dans les marches. Finalement, les Argentins se mettent d'accord pour nous laisser passer, nous, le groupe de 4 Français. L'intérieur n'est pas grand. La décoration est sobre. L'emplacement exacte où aurait eu lieu la naissance se trouve sous une table recouverte d'un drap en velours rouge. Les pèlerins s'agenouillent et prie durant les 3 secondes qui leur sont laissées avant que le pèlerin suivant ne s'agenouille à son tour. Je ne m'attarde pas longtemps dedans, le tourisme de masse a le don de me faire dresser le poil. Je vois que les Français sont déjà partis, sans me dire au revoir… pas très sympa. Je sors de la Basilique. Finalement, les Français m'attendaient ! Nadia veut nous montrer un endroit qu'elle trouve… riche de sens ! Nous prenons de la hauteur sur la ville pour avoir une vue panoramique sur les collines et le mur. Et je comprends où Nadia voulait en venir. Un drapeau est hissé au loin, un drapeau de la Palestine. Le tissu flotte dans une légèreté déconcertante. Une légèreté qui n'est pas le ressenti de ses patriotes. En prêtant plus d'attention au drapeau, je remarque qu'il est à moitié déchiré, tout comme son peuple. Je comprends mieux la poésie lugubre de ce point de vue.

- Vous avez quelque chose de prévu après ?
- Oui on va à Mar Saba.
- Euh… qu'est-ce que c'est ?
- C'est l'un des plus anciens monastères chrétiens au monde, rien que ça !

- Je peux me joindre à vous ?
- Bien sûr, trouvons un taxi

Nous retournons sur la place où Tony était venu à ma rencontre. Nous nous dirigeons vers le premier taxi venu. Les deux garçons négocient le prix de la course en arabe. Le chauffeur n'en revient pas de leur niveau… et moi non plus ! Ça détend les négociations. Nous montons à bord de la Honda. Le chauffeur fait un petit crochet par une œuvre de Banksy graffée sur un mur. Un manifestant cagoulé qui jette… un bouquet de fleurs. L'œuvre n'est pas sur le mur de séparation, mais cachée sur le flanc d'un bâtiment qui abrite un garage automobile.

Nous nous remettons en route. Le chauffeur a à cœur de nous expliquer le quotidien des Palestiniens et la situation qu'ils vivent, de l'intérieur, sous ce qu'il décrit comme « *l'oppression Israélienne* ». Il nous explique que la Palestine est divisée en deux territoires, d'une part la bande de Gaza au Sud-Ouest et d'autre part, la Cisjordanie, où nous sommes actuellement. Si la Cisjordanie est un territoire Palestinien, il faut savoir que son administration est fragmentée en 3 zones contrôlées selon différents degrés par Israël. La Cisjordanie est un territoire morcelé où près de 480 000 colons juifs vivent, « protégés » par l'armée et des milices. Le chauffeur nous dit d'ailleurs qu'au regard du droit international, certaines de ces colonies sont illégales.

Depuis 2002, un mur de séparation a été construit et perfore le territoire Palestinien. Le mur est littéralement construit au pied de certains immeubles, il est omniprésent sur ce territoire, personne ne peut l'oublier, personne ne peut se permettre de rêver. Sur les sites colonisés par les Juifs, le mur est si loin qu'on ne le voit même pas, là-bas, le rêve est permis. Le chauffeur suppose que ce n'est pas lié au hasard et que le gouvernement Israélien fait tout pour que les Palestiniens se sentent le moins possible sur leurs terres. Il nous explique qu'avec ce mur, les Palestiniens n'ont pas accès à de nombreuses routes et sont contraints de se soumettre à de nombreux checkpoint pour aller d'un point A à un point B. Si je me suis à peine fait contrôler lors de mes deux arrivées en Palestine, c'est ce que je suis français. Je repense alors à l'affiche que j'avais vu sur le mur dans la matinée qui disait que les Palestiniens pouvaient patienter longtemps avant de franchir un checkpoint :

- C'est vrai que les contrôles sont parfois longs pour traverser un checkpoint ?
- Bien sûr ! Le pire, c'est le matin. Vu qu'il y a peu d'emploi ici, de nombreux Palestiniens partent travailler en Israël. Chaque matin, ils font la queue pour se faire contrôler et être enfin autorisés à passer. Ça peut prendre jusqu'à 2h. T'imagines ? Tu poireautes sans raison pendant 2h puis tu te tapes le trajet jusqu'à la première ville Israélienne pour bosser, c'est pas une vie ça !

Je confirme. Je demande au chauffeur :

- Mais à part pour travailler, vous êtes autorisés à sortir à l'extérieur de ces murs ?
- Oui et non. Pour sortir, il faut une autorisation qui n'est délivrée que sur une liste de motifs prédéfinis. Tu peux sortir pour travailler, pour aller à l'hôpital ou pour prier. Mais attention, imaginons que tu doives te rendre à l'hôpital pour faire des soins que les hôpitaux d'ici ne peuvent pas réaliser, l'autorisation qui va t'être délivrée ne va durer que quelques heures ! Si tu as le malheur de dépasser le temps imparti, c'est la prison sans passer par la case départ.

Vive les droits de l'Homme. Le chauffeur nous parle également d'une problématique à laquelle je n'aurais jamais pensé : le partage des ressources en eau entre les communautés palestiniennes et juives. Les Palestiniens doivent se contenter d'environ 20 % des eaux des nappes phréatiques de Cisjordanie. De nombreuses familles dépendent alors de l'eau que la société Israélienne leur vend, une eau qui vient pourtant des terres palestiniennes ! Ces faibles ressources ont un véritable impact sur l'agriculture qui ne peut pas se développer correctement. Pire encore, de nombreux foyers peuvent être amenés à manquer d'eau. Ce qui explique d'ailleurs les tanks d'eau qui décorent tous les toits de la ville. Lorsque l'eau du robinet ne coule plus, alors on utilise les réserves. Le chauffeur nous dit d'ailleurs qu'il a même déjà vu des militaires Israéliens tirer sur les tanks pour assécher totalement les ressources en eau de certains foyers. Le chauffeur poursuit, comme s'il déballait son sac ou plutôt, comme un appel à l'aide. Il explique qu'il arrive que l'Etat Israélien coupe l'électricité aux Palestiniens, pour leur rendre la vie plus compliquée, pour les inciter à fuir leur territoire. D'ailleurs, en parlant de territoire, le chauffeur nous explique qu'environ 6 millions de Palestiniens sont réfugiés et que leur territoire se fait constamment grignoter par le géant sioniste.

Je regarde par la fenêtre le paysage qui défile sous mes yeux et perd mon regard ainsi que mes illusions, dans ces collines ocres qui reflète pourtantune lumière chaude et accueillante… Le taxi arpente des vallons, traverse des villages perdus où les enfants jouent au football dans des champs de pierre et où leurs parents nous saluent. Au loin, j'aperçois la mer Morte, cet endroit aussi mystique que mythique que j'avais découvert l'an passé de l'autre côté de la rive, en Jordanie. Un endroit qui résonne en moi et dont la magie ne peut vous laisser indifférent. Sur le bord de la rive, là où l'eau est peu profonde, l'eau est d'un blanc scintillant, voire doré lorsque les rayons du soleil se répercutent sur le sel qui compose le fond.

Je prends le temps de digérer toutes les informations que je venais d'ingérer. J'ai une certaine animosité qui monte en moi vis-à-vis d'Israël, non pas du peuple, mais du gouvernement et de sa politique. Je refuse toutefois de laisser place à ce genre de sentiments, surtout lorsque je n'ai pas écouté ni étudié la position d'Israël.

Nous arrivons à Mar Saba. Un bédouin nous accueille avec un thé. Il prétend vivre dans une grotte près d'ici et nous propose de payer pour y passer la nuit. Truc de touriste, je passe mon chemin. Le monastère est absolument magnifique. Il est littéralement attaché au flan de la montagne, comme s'il était suspendu en apesanteur. Curieusement, on n'aperçoit que difficilement l'église où les moines prient. L'architecture est tout aussi curieuse. On dirait des maisons de Playmobil empilées les unes sur les autres. Une chose est sûre, ce monastère se fonde parfaitement dans le paysage puisqu'il est de la même couleur que les pierres ocres qui jalonnent la montagne. On en fait le tour en moins d'une heure. Ça grimpe, ça descend, on traverse même un court d'eau. Sûrement un *Wadi*.

Il y a quelques grottes qui abritent des vieux foyers éteints. Dans le passé, ce monastère pouvait accueillir jusqu'à 300 moines. J'imagine ces artères grouiller d'hommes en robe et coiffé d'une tonsure. Aujourd'hui, seule une quinzaine de moines habitent ce lieu unique. Ils vivent sans électricité, sans eau courante et sans téléphone. J'aimerais tellement toquer à leur porte et séjourner quelques temps avec eux, bien que j'ignore l'accueil qui pourrait m'être réservé. De toute façon, je n'ai pas pris mes affaires. Elles sont restées dans l'auberge à Jérusalem. D'ailleurs, la nuit commence à tomber. Nous rebroussons chemin. Le chauffeur de taxi et mes compagnons discutent en arabe. Je ne vais pas leur demander de me traduire chaque phrase, alors je regarde le paysage défiler sous mes yeux. Les enfants ont terminé de jouer au foot et enfourchent des vélos avec un cadre rouillé pour rentrer.

Nous arrivons à Bethléem. Je quitte mes compagnons d'un jour. De retour au checkpoint, une militaire contrôle mon passeport et me fait signe d'avancer avec un sourire. Désormais, je sais que ce contrôle n'aurait pas été aussi rapide et souriant si j'avais été Palestinien. J'attends le bus pour me ramener à Jérusalem sous un ciel rosé qui offre une touche colorée à la grisaille de ce mur et qui contraste avec la réalité de ce que les personnes vivent ici.

J'arrive à Jérusalem, puis à mon auberge, sans trop de difficulté. Je prends une douche bien chaude et bataille pour trouver le courage de ressortir dîner. Les rues de Jérusalem sont toujours aussi vides. Un des rares restaurant encore ouvert à 20h00, est à seulement 10 minutes à pied de l'auberge. Je décide de m'y rendre. Comme la plupart des restaurants de ce quartier, on y sert des pitas ou des kebabs. Ça fera l'affaire pour ce soir. Je descends les trois marches qui me permettent d'entrer dans la salle et manque de me faire bousculer par un homme qui prenait l'escalier en sens inverse. Cet homme, c'est le vieux baroudeur Suisse de mon auberge :

- Salut, comment tu vas ? Je suis installé sur la table du fond si tu veux me rejoindre. Je fume juste une clope et j'arrive.
- Ça marche, je vais m'installer.

Je commande un schawarma, je mange assez de kebab en France comme ça. Sur la table du baroudeur, je découvre un livre sur les oiseaux. Je pense immédiatement aux livres sur les oiseaux que mon père a l'habitude de lire, passionné par cet animal à plumes. La connexion se fait immédiatement dans ma tête. La paire de jumelles accrochée autour de son cou lui sert justement à observer les oiseaux ! Le vieux baroudeur revient. Je lui demande :

- T'aimes bien les oiseaux ?
- Bien sûr, je suis bénévole à la station ornithologique de Bâle.

On se met à causer « oiseaux ». Il me montre les différentes espèces de Martin-pêcheur. Je lui montre l'espèce qui vit par chez moi, sur les bords de Loire. Lui, il essaie d'en trouver une en particulier, celle qui niche à une saison précise au Moyen-Orient. C'est son objectif. Il me confie voyager pour les oiseaux. Généralement, il passe la matinée en observations et l'après-midi à visiter. Il voyage comme ça une fois par an puis, de retour au pays, il note sur un cahier les nouvelles espèces qu'il a pu observer.

- Il y a des études pour être ornithologue ?
- Pas vraiment, enfin, il faut étudier l'environnement et la biologie. Ensuite, tu peux te spécialiser dans l'ornithologie.
- Et tu arrives à vivre de ta passion ?
- Je suis un simple bénévole à la retraite tu sais. Autrement, c'est compliqué de ne vivre que de ça. Lorsque j'étais un actif, j'ai dû me diversifier. J'ai alors choisi de m'intéresser aux plantes. J'ai d'ailleurs réalisé un gros projet de phytosociologie dans une forêt près de Bâle.
- De quoi ?
- De phytosociologie, tu ne connais pas ? Laisse-moi t'expliquer. C'est l'étude de la botanique, pour comprendre comment telle ou telle espèce évolue dans tel ou tel milieu.
- Je vois… et quel était ton projet alors ?
- Je me suis basé sur une étude de phytosociologie menée dans les années 1940 sur $20 cm^2$ de la forêt près de Bâle. Le scientifique avait répertorié toute la flore qui y vivait. J'ai repris sa suite pour une étude contemporaine et voir s'il y a

eu une évolution ou non. J'ai pu voir quelles plantes avaient disparues, celles qui étaient apparues, celles dont le nombre avait diminué ou encore celles dont le nombre avait augmenté.

Le schawarma arrive, il est minuscule. Ça me fait mal de payer 8 € pour si peu. J'en fait deux bouchées et lui propose de se dégourdir les jambes à l'extérieur des remparts de la vieille ville. On sort par la porte de Jaffa, une autre porte que je ne connaissais pas jusque-là et qui vaut le détour. Elle est plus simple que la porte de Damascus mais le charme d'antan demeure intact. Nous longeons les remparts en échangeant sur le système politique Suisse ou sur la guerre en Ukraine. Enfin, nous abordons le sujet du conflit Israélo-Palestinien. Assez curieusement, il me confie ne pas ressentir de tensions particulières. Je ne partage pas son avis et lui raconte ce que le chauffeur Palestinien m'avait expliqué dans l'après-midi. Au même moment, nous voyons un groupe de Juifs d'une quinzaine d'années, reconnaissables aux fils tressés qui pendent autour de leurs habits, qui s'agitent dans tous les sens. Ils nous doublent puis continuent de courir devant nous. Je regarde par-dessus mon épaule, pour m'assurer qu'aucun danger ne nous guette. Puis j'entends un « BAM », comme si quelque chose venait de percuter le sol. Je regarde droit devant pour découvrir avec stupéfaction une scène choquante. Les Juifs jettent des pierres à des employés de la ville qui réparent les rails du tramway. Ces employés sont… arabes. Il y a fort à parier qu'ils soient Palestiniens…

Les Arabes hurlent dans la direction des Juifs, leur demandant très certainement d'arrêter. Ils se protègent tant bien que mal avec leurs bras. Puis, malgré leurs sommations, les Arabes n'ont d'autres choix que celui de répliquer. D'énormes pierres, allant parfois jusqu'à 15cm de circonférence, percutent violemment le sol des deux côtés. Le baroudeur est tétanisé par la situation, il faut agir vite. Je lui tire le bras :

- On se casse, vite !

Du haut de ses 72 ans, le baroudeur ne pouvait pas courir pour échapper à l'affrontement. Nous marchons rapidement, les mains sur la tête pour amortir un éventuel impact de pierre. A dix mètres seulement de moi, je vois une pierre exploser au contact du sol, projetant des éclats qui frôlèrent mes jambes. Les sirènes de la police retentissent et s'accentuent. Les Juifs déguerpissent. Avec le baroudeur, nous sommes choqués de ce que nous venions de voir. Nous allons vers les Arabes pour s'assurer qu'il n'y ait pas de blessé. Aucun, heureusement. Le baroudeur, d'un ton volontairement naïf demande à l'employé :

- Pourquoi vous ont-ils jeté des pierres ?
- Parce que nous sommes Palestiniens.

Je lui demande :

- C'est la première fois que ça arrive ?
- Non, de temps en temps.

Avec le baroudeur, nous nous sentons si désolés pour les Palestiniens, que nous ne pouvons nous empêcher de nous excuser de cette situation. Le Palestinien n'est pas très enclin à prolonger la conversation, ce qui peut se comprendre. Il nous salue et retourne avec ses collègues.

- Tu vois, je t'avais bien dit qu'il y a des tensions entre les Juifs et les Palestiniens.

Nous rentrons à l'auberge. Tout le monde dort déjà. Pourtant, le baroudeur ne prend même pas la peine de chuchoter dans la chambre :

- On se voit demain matin pour visiter l'esplanade des Mosquées ?

Je suis mal à l'aise de discuter à voix haute dans une pièce où des gens dorment, alors je chuchote :

- Avec plaisir, on se voit demain. Bonne nuit.

L'ESPLANADE DES MOSQUEES

9h00, j'ouvre les yeux. Le baroudeur est déjà parti. Il a dû se lever tôt. Je prends une douche et prépare mon sac. J'expédie mon petit-déjeuner et règle la nuit. J'envoie un message à Simon pour savoir si je peux passer les deux prochaines nuits chez lui, je croise les doigts. J'arrive à l'esplanade des Mosquées après m'être fait contrôler par les militaires. Ce qu'il faut savoir sur ce lieu, c'est qu'il est construit sur les ruines du temple sacré Juif, ce qui a déjà suscité de vives altercations par le passé. On comprend pourquoi, c'est une véritable provocation.

La place est immense et décorée par de grands arbres. Sur ma droite, il y a une mosquée qui ne paie pas de mine. Sur ma gauche, il y a le Dôme du Rocher. Attiré par cette coupole dorée érigée sur un édifice majestueux à la mosaïque aussi bleue que le ciel, j'avance comme si j'étais hypnotisé. Tiens donc, le baroudeur est encore là ! Il se dirige vers la sortie. Je vais le voir pour prendre son numéro et garder contact avec lui dans le futur :

- D'ailleurs, je ne t'ai même pas demandé, mais tu t'appelles comment ?
- Moi c'est Roland ! Et toi ?
- Alexandre, je peux prendre ton numéro ?
- Je n'ai pas de téléphone mais je vais te donner mon adresse mail.

Roland sort de son sac ses lunettes qu'il met sur le bout de son nez. Il se munit également d'une feuille et d'un stylo puis se pose sur les marches pour écrire son adresse mail ainsi que son adresse postale.

- Merci Roland, j'espère que nous nous reverrons. Que ce soit en Suisse, en France ou quelque part ailleurs dans ce monde.
- Au revoir Alexandre, à bientôt je l'espère !

Je le vois peu à peu disparaitre dans la foule qui quitte ce lieu saint de l'Islam. Pourquoi saint d'ailleurs ? Parce que Mahomet serait monté au ciel sur le rocher que couvre le Dôme, pour y rencontrer Abraham, Jésus et peut-être même Dieu. Malheureusement, les non-musulmans ne sont pas autorisés à entrer à l'intérieur. Je flâne alors sur l'esplanade, profitant du soleil et de la vue offerte sur le Mont des Oliviers que je rejoindrai plus tard dans la journée. Une église attire tout particulièrement mon attention. C'est une église orthodoxe, comme celles que l'on peut voir dans les pays de l'Est et notamment en Russie. Je prends le temps de m'imprégner de l'esplanade. Pour ce faire, je m'assieds sur un banc de pierre. Etonnamment, je ne vois pas de femmes voilées ou d'hommes vêtus de djellabas. J'ai le regret de voir ce qui, à mon sens, détruit le charme d'un lieu : les groupes touristiques agglutinés comme des moutons, guidé par un berger qui lève un parapluie coloré et les influenceurs qui passent plus de temps dos au monument pour se faire tirer le portrait plutôt qu'à le regarder et s'y intéresser.

Puis, plus le temps passe, moins il y a de monde. Plus le temps passe et plus la population change. Les Musulmans font leur entrée sur le site. Là, je me sens bien plus sur un lieu sacré de l'Islam plutôt que sur un spot touristique. Je regarde ma montre, 10h30 est affichée au cadran. Je comprends que le site est de nouveau fermé pour celles et ceux qui ne sont pas de confession musulmane. Un agent de sécurité vient d'ailleurs me demander de quitter les lieux. Il formule la même demande auprès d'un couple de quarantenaire. La chasse aux non-musulmans peut commencer.

L'Eglise du Saint Sepulcre

Jérusalem est la ville trois fois sainte. Sainte pour les Juifs, sainte pour les Musulmans et sainte pour les Chrétiens. Il me reste la partie chrétienne à découvrir, ma religion, celle que mes parents m'ont choisi lorsque je n'étais pas en âge de le décider. Mais je ne les blâme pas. C'était plus dans un but culturel et traditionnel plutôt que celle de vouer un véritable culte à l'Eglise. Beaucoup se considèrent comme « athée » sans s'être réellement déjà posé la question. Lorsque l'on creuse le sujet avec eux, on entend la fameuse réponse :

- Oui, je crois en une force supérieure ou peut-être au destin.

D'une part, croire en une *force supérieure* c'est croire en *quelque chose*, donc ce n'est pas être athée mais agnostique. Ensuite, cette *force supérieure* n'est rien d'autre qu'un *Dieu* qui ne dit pas son nom. En soi, si on y réfléchit bien, croire au *destin* c'est croire en une *force supérieure* qui aurait écrit tel ou tel passage de notre vie. Autrement dit, c'est croire en *Dieu*. Enfin et c'est là qu'est toute la différence, un agnostique ne priera pas de la même manière qu'un Chrétien, qu'un Musulman, qu'un Juif ou toute autre religion. L'agnostique a sa foi qui lui est propre et, de ce fait, sa manière de prier ou de penser à cette *force supérieure* qui lui appartient. Pour ma part, je suis catholique. Non pas que je voue un culte à l'Eglise dont je connais les sombres travers, mais plutôt car c'est de cette manière qu'on m'a appris, dès l'enfance, à prier. Bon, pour être parfaitement honnête, il est rare que je prie. Ça arrive surtout quand j'ai besoin de quelque chose donc bon... Mais j'ai eu la certitude de croire en Dieu lorsque l'an passé, je m'étais laissé envahir par une émotion puissante sur le lieu où Jésus se serait fait baptiser. Pourtant, je m'y étais rendu par simple curiosité, plus pour faire plaisir à ma grand-mère en lui envoyant quelques photos. En tout cas, je n'y étais pas allé dans un but de pèlerinage ou que sais-je ? Je suis du genre terre à terre. Et pourtant, j'ai ressenti quelque chose de fort, d'inexplicable.

Je marche en direction du quartier Chrétien et croise quelques églises sur le chemin, souvent orthodoxes. Les mains de fatma en vente dans le commerce ont laissé place à des chapelets. Je suis surpris de voir que le quartier Chrétien est peuplé d'arabe. Je vérifie alors que je ne me suis pas trompé d'endroit. La réponse est non. En fait, c'est un quartier d'arabes chrétiens ! Les rues sont plus larges que les ruelles étriquées du quartier musulman. Quelques décorations de Noël arborent les lampadaires et un beau sapin trône au milieu d'une petite place. Je ne trouve pas l'entrée de l'Eglise du Saint Sépulcre, là où le corps de Jésus est censé être enterré. Je demande alors ma route à un commerçant qui me l'indique gentiment. Je longe une autre rue commerçante étriquée et sombre. Je pique à droite dans une ruelle longue de 5 mètres, puis à gauche, me voici à l'entrée. C'était loin de ce que j'imaginais. Je pensais trouver une entrée majestueuse, dorée, ornée de sculptures en marbres. En lieu et place, je découvre une façade sans prétention, d'une simplicité déconcertante. Il y a seulement deux arcs légèrement brisés et deux arcs en plein cintre. Pas de quoi faire jalouser la cathédrale de ma ville, à Tours. Je me signe avant d'entrer. Dans la nef, il y a une table en pierre posée sur le sol, au-dessus de laquelle lévitent des lampes en forme de vase blanc incrusté des différentes croix de la chrétienté (croix de Jérusalem, croix orthodoxe, croix catholique…). Les pèlerins posent leurs mains et leur tête sur cette table. Ils prient. Certains vont jusqu'à pleurer. Je ne comprends pas tout de suite ce qu'elle représente. Puis, en prêtant attention à l'immense fresque sur le mur, je comprends que c'est la table où Jésus Christ aurait été lavé après sa crucifixion. Je décide d'y poser les mains. La pierre est couverte d'une huile qui dégage une odeur agréable. Je ne suis pas un grand connaisseur des pratiques de l'Eglise, mais je suppose que c'est de l'huile Sainte. Puis, je me laisse envahir par l'engouement et l'émotion que les pèlerins vouent à cette table. Curieusement, je me mets à prier sans demander que tel vœu soit exhaussé, ni sans avoir besoin de quoi que ce soit. Je me relève et ressens un sentiment qui m'était jusque-là inconnu.

J'ignore si ce sentiment est intrinsèque à mes pensées, autonome et spontané, ou si je me suis laissé influencé par les pèlerins que j'observais avec attention. Je continue la « visite » de ce lieu et arrive au niveau d'une crypte richement décorée par de belles lampes à pétrole en argent. Au-dessus de l'entrée, il y a les portraits de chaque apôtre au milieu desquels règne celui du Christ. J'ignore ce qu'il y a à l'intérieur. Mais la file d'attente me laisse penser que c'est précisément là qu'il faut se trouver. J'attends derrière une religieuse.

- Excusez-moi, il y a quoi à l'intérieur de la crypte ?
- Le tombeau de Jésus ! Et nous avons de la chance, il n'y a pas grand monde. D'habitude, l'attente peut durer près d'une heure et demie.

Qu'on y croie ou pas, c'est certainement le lieu le plus sacré de la chrétienté. J'ai décidé d'y croire pour vivre cette expérience spirituelle le plus intensément possible. La bonne sœur vit dans un couvent près de Bethléem. Elle se rend une fois par mois à Jérusalem pour ce pèlerinage. Comme le peu de religieuses que j'ai eu l'occasion de croiser dans ma vie, elle est douce, bienveillante et paraît heureuse. Elle entre en première dans la crypte, je lui emboite le pas. Un lourd tombeau en pierre grise est ancré dans le sol. C'est ici que reposerait Jésus. Il y a à peine suffisamment de place pour deux personnes. Je croise les mains et prie une dernière fois rapidement avant de laisser la place aux pèlerins suivants. Je sors de la crypte avec un sentiment de légèreté, voire de flottement. Je continue de marcher dans l'église qui, demeurant, est difficilement descriptible tant dans ce labyrinthe les salles de prière et les cryptes s'enchevêtrent. Il faut parfois monter des escaliers pour y accéder, parfois en descendre. On s'y perdrait presque.

Le Mont des Oliviers

Je quitte le Saint Sépulcre pour me diriger vers le Mont des Oliviers. J'emprunte la *via dolorosa* en direction de la Porte du Lion pour quitter la vieille ville. Sur le chemin, je passe par hasard devant l'église de la flagellation. C'est ici où Jésus aurait été moqué et flagellé par les soldats romains avant d'accomplir son chemin de Croix. Je vais y jeter un coup d'œil. C'est une toute petite église au sein de laquelle grouille un groupe de touristes Polonais. Ils portent une oreillette ridicule leur permettant d'écouter les explications de leur « berger ». Ils sont aussi équipés de chaussures de marche toutes neuves, spécialement achetées pour l'occasion. Impossible de s'imprégner du lieu. Les mamies se ruent devant l'autel et dépensent plusieurs minutes du précieux temps qui leur est compté pour prendre une seule photo, floue au demeurant. Les grands-mères se bousculent et piaillent dans tous les sens. Même les prêtres, protégés de cette foule par des petites barrières, ne cachent pas leur exaspération. Je ne comprends vraiment pas l'intérêt de voyager de cette manière. Le berger du troupeau prend la parole et les moutons s'assoient sagement sur les bancs. Une grand-mère s'installe à côté de moi. Derrière, j'entends la lourde porte de l'église se fermer. Il me reste quelques secondes pour agir : je quitte tout de suite cet endroit ou assiste à la messe ? Je ne suis pas allé à la messe depuis tant d'années… et puis, ça peut être intéressant de voir comment elle se déroule ici. Allez, je reste.

Les prêtres prêchent en Polonais, ils font aussi partie du groupe. Les chants rythment la messe, parfois entrecoupée par la lecture des évangiles. J'ai l'impression d'être l'intru du groupe, l'étranger parmi les étrangers. C'est un peu comme si j'étais en mission d'infiltration, mais pas dans un groupe terroriste comme on peut le voir dans les films américains non, je suis en infiltration dans un groupe de pèlerins. C'est tout de suite moins excitant. Les bancs de l'église ne sont pas assez grands pour contenir la foule. Les parois résonnent sous le mélange des voix chantantes, ne formant plus qu'une vibration puissante qui se répercute sûrement jusqu'aux cieux.

Puis, vient mon moment préféré. Celui qui, sur les coups de 11h30, lorsque l'on commence à avoir faim, vient combler l'estomac qui crie famine : la communion. En France, le prêtre boit une gorgée de vin, souvent blanc. Pour éviter de se tâcher, juste au cas où. Puis, les fidèles font la queue pour communier et recevoir l'hostie dans le creux de leur main avant de pouvoir la manger. Là, le prêtre ne se contente pas d'une seule gorgée de vin. Là, l'hostie n'est pas posée dans le creux de notre main, mais directement dans notre bouche. L'hostie n'est pas aussi sèche que celle que j'ai eu l'habitude de goûter. Le prêtre l'a baigné dans le vin. C'est un peu comme tremper du pain dans du vin, c'est une saveur particulière mais… on s'y fait bien finalement.

La messe se termine par la quête, je mets quelques pièces dans le panier en osier puis reprends ma route pour le Mont des Oliviers. Je sors par la Porte du Lion, contrairement à ce que pourrait laisser supposer son nom, elle n'a rien de très féline. Le Mont des Oliviers, lui, abrite tout un tas de lieux bibliques. Au pied du Mont, l'on trouve notamment le tombeau de Marie ainsi que le jardin des Oliviers, là où Jésus aurait été arrêté par les Romains avant la crucifixion.

Il est midi. Une imposante cloche se déplace d'avant en arrière, produisant un vacarme assourdissant. Je place mes mains sur mes oreilles pour protéger mes tympans d'une douloureuse exposition. Une fois le vacarme terminé, j'en profite pour flâner dans ce petit jardin bel et bien rempli d'oliviers. Certains de ces oliviers ont plus de 1100 ans selon l'analyse du carbone 14. Je reprends mon ascension vers le sommet. La route est pentue, sinueuse et les virages si serrés qu'ils ne permettent pas de prévenir l'arrivée d'une voiture. Seul le son du moteur des grosses cylindrées, qui jaillissent de nulle part, m'ordonne de me plaquer contre le mur pour ne pas finir faucher.

Je longe désormais le cimetière Juif. Il m'est impossible d'y entrer, n'étant pas de cette confession. De là où je suis, je peux quand même bien l'observer. C'est le plus ancien cimetière Juif du monde. Les tombes sont de la même roche que celle que l'on trouve un peu partout dans ce pays : de couleur claire et lumineuse, d'un jaune crème que l'on appelle d'ailleurs, la pierre de Jérusalem ou en arabe « *mekele* » qui veut dire « royale ». D'innombrables cailloux sont posés sur les tombes. On pourrait penser qu'ils sont là pour rendre hommage aux Israéliens tués sous les pierres, lors de l'*Intifada*. Or il n'en est rien. En réalité, les origines de cette coutume sont diverses et surtout hypothétiques. Certains considèrent qu'autrefois, les défunts n'étaient pas enterrés dans les cimetières. Seules leurs « âmes » y reposaient. Alors, pour annoncer leur présence et éviter qu'on ne marche dessus, la pratique a voulu qu'on y place des pierres pour signaler les lieux. D'autres ont conservé ce rituel simplement pour rendre hommage au défunt, en lui montrant qu'on ne l'a pas oublié. Nos fleurs sont leurs pierres, leurs pierres sont nos fleurs. En continuant d'arpenter les pourtours de la dernière demeure des Hommes, j'aperçois à une centaine de mètres plus loin, six Juifs orthodoxes qui se recueillent sur une tombe. Aucune larme n'est versée mais la scène n'en reste pas moins tristement belle. Il faut dire que cet endroit est une véritable planche de salut pour les Juifs. En effet, selon la Tradition Juive, lorsque le Messie fera son apparition sur Terre, il ressuscitera les morts. Le Messie passera d'abord par le Mont des Oliviers, ce qui signifie que les Juifs enterrés ici seront les premiers à être ressuscités, ce n'est pas rien !

Je poursuis mon ascension et paie pour entrer dans une caverne où les tombes de certains prophètes, dont j'oublie immédiatement le nom et le rôle, seraient enterrés. Je paie 10 shekels pour voir des trous dans les murs, au ras du sol, éclairé à la lueur d'une bougie. Je ne suis pas transporté par l'atmosphère des lieux et m'empresse de couper court à la visite. De retour sur la route, cette fois-ci plus large, je continue de monter. Mes mollets commencent à être congestionnés. Encore un petit effort. J'en profite pour humer l'air pur et frais qui emplit mes poumons. Je prends conscience, le temps d'un instant, que je suis libre. Libre d'aller où je veux, sans aucune contrainte. Cette pensée m'apaise, m'allège et me donne la force d'avancer. Arrivé à un belvédère, je m'appuie contre un mur pour profiter de la vue. On distingue parfaitement le Vieux Jérusalem, préservé de la ville nouvelle par ses remparts. On distingue parfaitement le Dôme du Rocher, qui brille d'un éclat doré implacable. De cette vue presque aérienne, j'essaie de retrouver le mur des lamentations ou encore l'Eglise du Saint Sépulcre. Concentré sur ce petit jeu, je ne remarque pas immédiatement un chant tout près de moi. Je regarde sur ma gauche. Un groupe de pèlerins, sûrement des Pays de l'Est fredonnent en chœur des chants chrétiens, orchestrés par un prêtre orthodoxe. J'écoute la beauté de ces voix qui s'entremêlent et aimerais que la mienne échange avec quelqu'un d'autre. Cela fait 6 jours que je suis, pour les trois-quarts du temps, seul. Cette solitude commence d'ailleurs à me peser. Je dois chasser ces pensées en me remettant à marcher. Marcher, ça me vide la tête, le cerveau passe en mode « pilote automatique » et j'avance machinalement dans un état presque méditatif.

J'arrive enfin au sommet, là où le Christ serait monté au Ciel. Bien qu'il me paraisse peu probable que ce soit le cas et, quand bien même ce serait le cas, que ce soit ici précisément. Je choisis de me laisser porter par l'histoire religieuse. C'est un petit édifice circulaire d'environ cinq mètres sur cinq. L'intérieur est vide. Sur le sol, repose une sorte de tablette polie et huilée. L'endroit précis de l'ascension. Une croyante dont les cheveux sont cachés par un foulard noir, imbibe un bout de tissu sur la tablette huilée.

Le début de soirée approche à grand pas. Le soleil rasant donne une tout autre atmosphère à la ville. L'atmosphère du Moyen-Orient, région du monde que j'apprécie tant. Je me dirige vers le centre-ville de la Ville Nouvelle. Les bâtiments anciens communient avec les bâtiments neufs. Les citadins sont propres sur eux, bien habillés et déambulent paisiblement sur les grands boulevards. De nombreux restaurants ont élus domicile au rez-de-chaussée des immeubles. Il y a quelques restaurants asiatiques, mais surtout des kebabs. Le boulevard principal est fendu en deux par une ligne de tramway qui le découpe du Nord au Sud. J'entends le bourdonnement des conversations interrompues par quelques éclats de rire, j'entends des verres qui trinquent, j'entends les commerçants qui aboient leurs promotions. Je suis pris dans ce que j'appelle la « tornade citadine », là où se concentre la vie et où sont éjectées les mauvaises ondes, là où l'effervescence prend le pas sur la tranquillité et le calme. Chaque centimètre où se posent mes yeux est un centimètre que je ne connais pas. Un sentiment de renouveau m'anime alors.

Je flâne dans le célèbre marché *Mahane Yehuda*. Dans les halles, il y a des poissonniers, des bouchers, des maraichers mais aussi des bars. J'hésite à commander une bière, mais payer 12 € pour une pinte, je préfère m'abstenir. Je vois de nombreux jeunes, en service militaire, faire leurs emplettes avec l'arme automatique en bandoulière. Mon estomac me rappelle qu'il est temps de manger. Je m'arrête dans un petit boui-boui où la carte est en hébreu. Plouf, plouf je montre du doigt le plat choisi : שווארמה ללא בשר. Pas de chance pour moi qui adore la viande, c'est un shawarma végétarien. Je prends soin d'ôter les concombres du sandwich avant de le fourrer dans un sac plastique. Je marche tranquillement sur le chemin du retour, arpente de belles rues chaleureuses et éclairées et décide de m'asseoir au pied d'une tour de verre où des leds s'allument puis s'éteignent, créant une sorte de cascade de lumière qui s'écoule depuis le sommet du gratte-ciel. Une violoniste fait son apparition. Le menton posé sur la mentonnière, la main gauche agrippant le manche. L'archet se pose sur les cordes et les frotte harmonieusement. L'archet accélère, la corde vibre intensément dans la caisse de résonnance. Une reprise de Bach – Sonata n° 1, un classique encore très apprécié. Les passants s'arrêtent quelques instants pour écouter la mélodie. Certains jettent une pièce dans le chapeau retourné, d'autres gratifient la violoniste d'un sourire avant de disparaitre dans la foule. Il commence à se faire tard, je me lève et me dirige vers la Vieille Ville, pour retourner chez Simon. Devant moi, il y a un homme qui avance avec la même démarche que l'acteur Wagner MOURA, qui a notamment joué le rôle de Pablo Escobar dans la série Narcos. D'ailleurs, je ne crois pas si bien dire. En regardant plus attentivement, je vois un reflet étincelant au niveau de sa ceinture. L'homme se balade avec un glock de 9mm qu'il ne prend même pas la peine de dissimuler sous son t-shirt. Me voilà rassuré. Je laisse cet homme me devancer, juste au cas où.

J'arrive au niveau de la porte de Jaffa et retrouve sans peine là où je passerai les deux prochaines nuits, cet endroit étrange prêté par Simon. J'ouvre la porte avec le digicode et installe mon matelas. La vue sur le Mur des lamentations et le Dôme du Rocher à travers cette grande baie vitrée m'émerveille toujours autant. Dans ce moment de flottement et d'admiration, j'entends Joshua, le rasta qui vit ici, pousser un gémissement rauque :

- AAAAAAAAAAAAAAAAAAAAAAAAAAAH

On dirait plus un tic ou un toc de langage, je n'ai jamais su faire la différence entre le tic et le toc. Bref, ce cri est toujours surprenant, surtout quand il vient troubler la paisibilité du lieu. Joshua sort de sa chambre et me salue. Avec toute l'élégance qu'il n'a pas, il ouvre sa cage thoracique pour laisser un rot s'échapper. En France, j'ai l'habitude de dire « hamdoullah » après que quelqu'un ait roté. Je fais de même pour Joshua qui me dévisage soudainement. J'avais oublié que certains Juifs détestaient les Musulmans (et vice versa), souvent assimilés aux Arabes. Il était donc tout à fait indélicat de ma part d'utiliser un mot arabe pour m'adresser à un Juif. La situation me gêne alors je prétexte qu'en France, c'est ce qu'on dit lorsqu'une personne rote. Joshua ne m'en tient pas rigueur et m'invite à monter sur le *rooftop* pour fumer.

Dans la cuisine, j'entends un PSSSSSSSSSSCHT. Je cours pour couper le feu qui jaillissait à hauteur d'homme. L'eau bouillante débordait de la marmite. La flamme s'adoucit peu à peu. Plus de peur que de mal. Joshua redescend et me remercie d'avoir évité la catastrophe. J'ai assez d'énergie pour entamer une conversation avec lui et tenter de comprendre ce qu'il bafouille.

- Quel est cet endroit ? Parce que ça ne ressemble pas vraiment à un appart.
- Non en effet, en fait, c'est une salle de réception. Simon est le manager, il organise des évènements ici tels que des mariages ou des barmitsvas. Tu sais qu'il y en a qui paie 20.000 $ pour louer cet endroit !

Vu l'emplacement, je ne suis pas si étonné. Je me sens tellement privilégié. On s'assied devant la baie vitrée. Face au Mur, des Juifs forment un cercle et tournent tout autour. Un homme règne au milieu du cercle, acclamé par ses pairs. Joshua me dit :

- Il vient de se marier, ils font la fête.

Joshua est bavard ce soir. Il me parle de son père qui était un grand armateur en France. Je ne comprends pas bien son histoire, mais il raconte quelque chose qui ressemble à cela. A force, hocher la tête pour mimer de comprendre me fatigue. Je m'affale sur mon matelas et lui, retourne dans sa chambre. Je bouquine le magazine sur la diplomatie qui ne m'a toujours pas quitté depuis le début (bien qu'un morceau ait été arraché pour servir de prière à insérer dans le Mur). Puis j'entends la poignée de la porte qui se tourne. Un homme d'une vingtaine d'année entre et me salue. Il ne parle pas très bien anglais, mais suffisamment pour me demander si je peux lui prêter mon chargeur d'IPhone.

- Bien sûr vas-y.

Il s'assied juste à côté de moi, près du matelas sur lequel je suis allongé. Le dos contre le mur, il charge son téléphone tout en l'utilisant. J'essaie de comprendre qui il est. Ce n'est pas commun qu'un inconnu débarque à 22h là où vous comptez dormir, pour vous demander un chargeur. Il me fait « non » de la tête, il ne me comprend pas. Il n'a pas l'air menaçant alors nous restons là, lui sur son téléphone, moi sur mon magazine. J'apprends énormément sur la corruption présente sur le continent africain, notamment en Centrafrique. L'homme éternue. Par réflexe, je dis en français :

- A tes souhaits.

Par réflexe, il me répond, sûrement :

- Merci, en hébreu.

Je trouve ça assez curieux que, malgré les différences de langues et de culture, cette règle de politesse soit universelle. Au bout d'une heure, l'homme part et me remercie. Moi, je ferme les yeux et tente de m'endormir malgré la lumière émise par l'éclairage du Mur.

Desert de Neguev

Dernier réveil à Jérusalem. Puisque je m'apprête à partir dans des zones reculées, toujours selon le programme de Nadia, je prends le temps de chercher une auberge dans l'un des villages qui cimentent le désert. Je ne suis pas mécontent de dormir en auberge, je vais enfin pouvoir retrouver une vraie douche. Je dis au revoir à ce drôle d'endroit qui m'a hébergé durant trois nuits et me dirige vers de nouvelles aventures. Je décide d'aller d'abord à *Ein Gedi*, un village qui borde la mer Morte, pour randonner dans le *Wadi Arugot*. Avant cela, je dois prendre le tramway pour rejoindre la *Central station* située après le marché de *Mahane Yehuda*. J'ai dépensé tout l'argent qu'Ahmad avait eu la gentillesse de placer sur ma carte de bus. J'essaie de recharger ma carte à la borne de l'arrêt de tram mais le mécanisme rejette systématiquement ma pièce. Voyant que le tramway arrive dans deux minutes, je m'empresse de demander à la première personne de m'aider, un Juif orthodoxe. Il me montre la technique pour que la machine accepte d'avaler la pièce. Il suffit de la frotter d'abord contre la paroi métallique de la borne, ça lui permet de mieux la digérer. Je monte dans le tramway et écoute attentivement le nom des arrêts qui défilent devant moi. Je m'arrête à la *Central station* en m'assurant qu'il s'agit du bon arrêt. La gare ressemble à un centre commercial de plusieurs étages. J'emprunte les escalators, monte au 1er étage et bifurque sur la gauche. Tiens, il y a des toilettes, je ferai mieux d'y aller car le trajet va être long. Je remarque qu'un tourniquet conditionne les allées et venues au paiement d'une pièce. Malheureusement, je n'ai rien sur moi et opère un demi-tour. J'entends des pas qui s'accélèrent et qui se rapprochent de moi. Un tapotement sur l'épaule, puis je me retourne d'un regard méfiant. Un Juif orthodoxe, qui ne parle pas un mot d'anglais, mime m'avoir vu essayer d'entrer vainement dans les toilettes. Il me fait signe de le suivre. Je lui emboite le pas. Il m'emmène dans le parking sous-terrain de la gare et, je dois l'avouer, ma méfiance ne cesse d'augmenter. Puis, il m'indique une porte avec un sourire bienveillant. Au-dessus de cette porte est apposé le symbole universel des toilettes. La silhouette d'un bonhomme et celle d'une femme en robe. Je le remercie pour sa bienveillance. Je remonte rapidement au 3ème étage pour prendre le bus. J'essaie de recharger – encore – ma carte de bus et forcément, la borne n'est qu'en hébreu ! Je demande – encore – de l'aide, cette fois-ci à une jeune en service militaire. La militaire se place devant la borne et je vois son regard gêné. Elle se retourne vers moi et m'avoue ne pas savoir lire l'hébreu. Elle me confie être Russe. Vraiment curieux. J'ai dû mal à saisir pourquoi une Russe fait son service militaire en Israël. Peut-être est-ce une Juive Russe qui s'est récemment implantée ici ? Elle n'a pas l'air d'une espionne… justement. Je touche aléatoirement l'écran tactile et finis par trouver. Ça tombe bien, le bus arrive.

Je vois Jérusalem s'éloigner peu à peu. Je suis à la fois nostalgique de quitter cette ville si magique mais suis aussi excité à l'idée de continuer mon périple. La route zigzague en suivant tout du long les rives de la mer Morte. Je dois avouer être quelque peu déçu du paysage, que je trouve plus beau du côté Jordanien. En Jordanie, la route creuse le flanc de la montagne, ce qui donne une vue en contre-plongée sur les dégradés de bleu et sur les cristaux de sel formés par les siècles. Du côté Israélien, la route est plus ou moins au niveau de l'eau et certaines exploitations agricoles nous séparent même du rivage. Autant dire que l'on distingue à peine la côte. Plus on se dirige vers le sud, plus on prend de la hauteur et l'on se rapproche de cet étonnant littoral. D'ici, on aperçoit peut-être 3 différentes nuances de bleu, allant du bleu marine au bleu turquoise. L'à-coup du bus qui freine me fait lever la tête de la route. Nous sommes à *Ein Gedi*. Je prends mes affaires en trombe et me dépêche de sortir avant que le bus n'enclenche la première pour rejoindre l'arrêt suivant. Je suis sur un parking avec une dizaine de bus de tours organisés d'où dégueulent une tripotée de touristes à audio-guide et chaussures de marche. Je presse le pas pour les doubler et prendre ma place pour entrer dans le Wadi, avant eux. Je n'ai certainement pas envie d'être dans un endroit sauvage pollué par un parapluie fluo qui s'agite en tête de groupe.

- C'est bien ici le *Wadi Arugot* ?
- Non Monsieur, ici c'est le *Wadi David*. Le *Wadi Arugot* est à 30-40 minutes de marche dans cette direction. Vous prenez combien de billet ?

Ça tombe bien, moi qui venais ici à reculons, je vais conserver mon objectif initial et m'abstenir de payer pour une balade en pleine nature. En revanche, si je dois marcher 40 minutes pour atteindre mon point de chute, je risque d'être fatigué avant même de l'avoir commencé... je vais tenter de faire du stop.

Le soleil est bientôt à son zénith, le mercure grimpe, j'enlève une couche de vêtement. Je longe une route, plus ou moins protégée par la rambarde de sécurité. Je ne tends pas mon pouce en l'air, non. Ici, ce geste est – parait-il – réservé aux prostituées. Je dois tendre le bras et pointer mon index vers le sol. Les voitures m'observent sans s'arrêter et moi, j'arbore un sourire béat. Qu'y-a-t-il de plus imprévu que le stop ? Je ne suis plus qu'à 15 minutes à pied de ma destination mais je ne baisse pas le bras, excité par l'idée de faire du stop en Israël. Un couple de quinquagénaire s'arrête. Ils vont aussi au *Wadi Arugot* et accepte de me prendre avec eux. La femme, côté passager, se retourne et se tord pour faire de la place sur la banquette arrière. L'homme est concentré sur la route. Il porte une kippa accrochée par une barrette à ses cheveux.

- Vous venez d'où ? me demande la femme
- De France et vous ? Vous êtes du coin ?
- J'aimerais beaucoup venir en France ! C'est un pays qui a l'air magnifique. Oui nous sommes du coin, enfin nous habitons à *Efrat*.
- C'est où ça ?
- Entre Jérusalem et Hébron, vous la situez ?
- Plus ou moins.
- Sinon, c'est votre première fois en Israël ?
- Oui et j'aime beaucoup ce pays.

S'il est vrai que j'aime beaucoup les paysages, la culture et ses habitants, je mentirais si je disais que j'aime son gouvernement. Je ne préfère pas entrer dans ce genre de conversation, surtout avec de parfaits inconnus.

- Vous allez voir, le *Wadi Arugot* abrite l'un de mes sentiers de randonnée préféré. La dernière fois que j'y suis allé, ça remonte à une sortie scolaire du lycée. Autant vous dire que ça date !

Sympa comme sortie scolaire. Nous arrivons à destination.

- Bonne randonnée, à plus !

Un ranger sous une guérite m'indique que l'entrée est payante et que je ne pourrai pas aller au bout du sentier, faute d'inondation. Je devrai m'arrêter à la *cascade cachée*. Je m'engage dans un canyon assez large. Une rivière d'eau douce ruisselle gentiment en aval. Certaines pierres, plus grosses que les autres, tentent de faire obstacle au courant. L'eau s'immisce dans chaque interstice laissé par la nature et recouvre parfois des pierres polies par l'eau et par le temps. La flore est dense par endroit. Des roseaux touffus dansent au gré du vent. Un moineau gris m'observe depuis le sommet d'une tige. Je m'approche un peu trop près à son goût. La distance est cassée et son analyse de l'être humain aussi. Il laisse le roseau gigoter comme un ressort après avoir pris l'impulsion nécessaire pour son envol. Mes jambes commencent à grimacer, ça monte bien. Des escaliers sont dessinés dans la pierre. La végétation qui m'entoure obstrue ma vue. Je manque de me prendre une branche dans la tête. Je continue mon ascension et aperçoit un rai de lumière. Je m'y accroche comme à un fil pour me hisser au sommet. La respiration haletante, je m'assieds un instant devant cette vue à couper le souffle. Les montagnes claires et à la couleur crème, s'entrecoupent avec harmonie. On distingue le travail minutieux de l'érosion qui fait des roches une véritable peinture de maître. Je croise un couple de randonneur. J'en avais presque oublié que je n'étais pas seul sur ce sentier. Contrairement aux Wadi que j'ai pu voir dans le passé, celui-ci est préservé de la pollution. Il n'y a pas un papier qui traine, la nature y est intacte. Dans ces conditions, ça ne me dérange aucunement de payer pour entrer dans cette réserve naturelle. Je suis le chemin qui zigzag en prenant garde de ne pas tomber dans le ravin. Il n'y a pas un bruit à l'horizon. Peut-être quelques oiseaux qui gazouillent et le bruit de la cascade, à peine perceptible. Je me concentre sur chaque détail de la montagne, pour les photographier dans ma mémoire. Cet exercice de concentration ressemble fortement à de la méditation. Je ne pense à rien d'autre et laisse mon esprit s'imprégner des lieux. Je me remets en marche, calme et paisible. Un panneau pointe vers la gauche la *cascade cachée*. Je descends le flanc de la montagne en faisant attention aux éventuels glissements de terrain. Le bruit de la cascade m'indique le chemin à suivre. Plus il s'intensifie, plus je m'en approche. Il n'y a pas de meilleur guide. La cascade n'est pas aussi haute que celle que j'avais pu voir au Togo lors d'un précédent voyage, mais ça reste une cascade. Là où les courants convergent, ne font plus qu'un et développent une force brutale qui se projette sans demi-mesure sur le bassin d'eau qui s'est formé au pied de la chute d'eau. Je m'assieds sur un rocher et passe ma main dans l'eau froide et limpide.

Tiens, le couple qui m'a pris en stop m'a rattrapé. Je vois l'homme qui tente de traverser le cours d'eau en posant le pied avec précaution sur les quelques cailloux qui ne sont pas immergés. Sa femme tente de lui emboiter le pas. Devant sa détresse, il lui tend sa main qu'elle empoigne pour en faire son point d'équilibre. Ils réussissent à traverser ce petit cours d'eau sans se mouiller. Le regard amusé, je les applaudis. L'homme me dit :

- Réflexe ! Tout en me lançant une clémentine que j'attrape avec autant d'assurance qu'un joueur de baseball.
- Merci, c'est sympa !

J'épluche la clémentine, décolle délicatement la paroi rugueuse de son fruit tendre et la mange quartier par quartier. Je me rince la bouche avec l'eau de la rivière et me remets en chemin vers la sortie.

J'entends du mouvement dans les buissons mais ne tourne pas la tête assez rapidement pour voir l'animal qui cavale. Je n'ai pas tant de réflexe que ça finalement ! L'appareil photo à la main, je reste immobile comme un reporter animalier qui s'apprête à réaliser le cliché de sa vie. Le corps statique, je déplace ma tête doucement de gauche à droite, comme si la friction du vent contre mon visage pouvait émettre un son. Je m'aperçois finalement que, ce n'est pas moi l'observateur mais que je suis plutôt l'observé. Impassible sur le toit de son rocher, dominant le reste de la vallée, une sorte de marmotte m'épie. C'est un petit mammifère trapu avec un corps arrondi, des poils denses et courts de la même couleur que ceux de la marmotte. Il mesure à peu près 50cm. Il a de beaux yeux noirs, aussi luisant qu'une bille. Il n'est qu'à 5 mètres de moi, j'arrive même à distinguer de fines vibrisses. J'entends des voix s'approcher de moi, le couple d'Israéliens. Je leur fais signe de se taire pour leur montrer cet étrange animal. Ils me disent à voix haute :

- Ces animaux ne sont pas peureux tu sais, tu peux parler et même passer devant lui sans qu'il ne te calcule.
- Ah bon ? Vous connaissez ? C'est quoi ?
- Un daman du cap !
- Jamais entendu parler.

Je me sens chanceux d'avoir fait sa connaissance. Je continue le reste de la randonnée avec ce couple.

- Vous vous appelez comment ?
- Moi c'est Sarah.
- Aaron et toi ?
- Alexandre.

Ils essaient de prononcer mon prénom mais n'arrivent pas à sortir la dernière syllabe correctement. La légèreté du « *dre* » est difficile à articuler pour bon nombre d'étrangers que j'ai pu rencontrer jusque-là. Un prénom tout à fait commun chez nous, ne l'est pas forcément chez les autres et ce, bien que certaines de ses variantes, comme « Alexander », soient très répandues.

- Ça te dirait de pique-niquer avec nous ?
- Avec plaisir !

Nous prenons place autour d'une table de pique-nique. Sarah est agricultrice et Aaron est agent immobilier. Son niveau d'anglais est bien moins élevé que celui de sa femme, mais il essaie. Il suit même des cours. Il sort de son sac une feuille froissée sur laquelle sont écrites des phrases anglaises avec leur traduction en hébreu. Il s'exerce avec moi. Pendant ce temps, Sarah allume le réchaud. La flamme s'allume dans un souffle grave et l'eau se met doucement à bouillir. Je profite de ce moment pour leur partager mon étonnement quant au nombre de jeunes en service militaire qui vaquent librement à leurs occupations, l'arme à feu remplaçant le sac à main. Aaron m'explique que le service militaire pour les hommes dure 2 ans et 8 mois, alors que celui des femmes dure « seulement » deux ans. Puisqu'ils sont en service militaire, ils ne doivent pas sortir de chez eux sans leur arme, logique quoi. Nous sommes à mille lieux du service militaire français d'antan, qui était bien plus encadré. Sarah me tend une pâtisserie locale. Une sorte de croissant qui fait la taille de deux phalanges et qui est fourré à la crème, un régal. Le thé est prêt. Sarah me sert et me dit :

- Tu voyages souvent tout seul ?
- La plupart du temps oui, j'aime bien ça.
- Ah bon et pourquoi ?
- Si je voyageais avec d'autres personnes, se serait-on parlé ? Nous auriez-vous inviter à pique-niquer avec vous ? Sûrement pas. Lorsqu'on est seul, on est plus ouvert sur les autres et c'est ça qui permet de faire des rencontres qui marquent un voyage voire une vie. C'est pour ça que j'aime voyager seul. Après, avec le temps, j'ai appris à aimer voyager en couple, à condition de trouver la bonne personne, celle qui vous ouvre encore plus les yeux sur le monde qui vous entoure.

En faisant une introspection sur moi-même, je me rends compte que la solitude me pèse tout de même. Depuis que je suis arrivé, je n'ai pas partagé de longs moments avec une seule et même personne. De belles rencontres, certes, mais disparates et éphémères. Je suis véritablement seul la plupart du temps. Je finis mon thé en observant un oiseau légèrement plus gros qu'un merle. Il a le plumage marron dans l'ensemble, les mêmes ailes que les pies, avec une légère tâche blanche et la tête noire. Le jaune de son bec se prolonge sur son visage, ce même jaune se reporte sur son plumage, qui se fraie un chemin jusqu'à tapisser son œil d'un trait fin. Je remercie ce couple pour le pique-nique. Ils me demandent où je vais pour me ramener, mais je n'en ai pas terminé ici.

Je retourne sur la route et tombe nez à nez avec un troupeau de bouquetins qui cherchent les quelques rares brins d'herbe cachés sous les pierres. J'enjambe la rambarde de sécurité pour m'approcher de la mer Morte. Ici, pas d'hôtel 5 étoiles avec douche, piscine d'eau douce et touristes qui cherchent à avoir la plus belle photo pour Instagram. Il n'y a que moi. Je descends en contrebas en prenant garde de ne pas me fouler une cheville. Ça ressemble étonnamment à l'endroit où j'avais planté ma tente un an plus tôt avant de me faire réveiller au beau milieu de la nuit par un chien errant puis par un escadron de militaire lourdement armé[3]. Hors de question de dormir ici ce soir, même si le cœur m'en dit.

J'arrive au bord de l'eau, les pierres ont laissé place à des blocs de sel. Certains sont si pointus que je crains qu'ils ne transpercent mes chaussures. D'autres, au contraire, sont aussi lisses qu'une bille. Le sel a été minutieusement sculpté par le vent, la pluie et le temps. Il forme des vagues par moment. Je m'assieds en prenant garde de poser mon postérieur sur un endroit lisse. L'eau est turquoise et les rochers à peine immergés sont recouverts d'une neige de sel. J'ai vraiment l'impression d'être sur la banquise. J'écoute le son des vagues laper délicatement les petites billes de sel puis regarde les montagnes rouges de la Jordanie, de l'autre côté de la rive. J'appelle mes grands-parents qui n'ont jamais eu la chance de voyager, pour leur faire découvrir un bout de ce monde, même au travers d'un écran. Je loupe mon bus, puis le suivant. Je suis comme happé par la beauté de cette banquise salée ou quelques stalactites plongent des rochers pour se noyer. La marée est à peine perceptible. Le volume d'eau n'est pas assez lourd pour que la lune arrive à interagir avec, de manière visible. Le soleil commence à se coucher et j'aperçois les lumières des villages de l'autre côté du rivage, s'allumer. En journée, on ne voit pas d'habitation du côté jordanien, c'est simplement lorsque la nuit tombe que l'on peut distinguer les maisons.

---

[3] Voir du même auteur : La Jordanie en roue libre

Mitzpe Ramon

Il est temps pour moi de continuer ma route en prenant le bus en direction de *Mitzpe Ramon*, un petit village situé un peu plus au sud. Une fois monté dans le bus, je cherche sous les sièges une prise électrique pour charger mon téléphone. J'en ai vraiment besoin pour trouver mon auberge une fois que je serai arrivé dans ce village. Hors de question de vivre la même mésaventure qu'à mon arrivée à Tel Aviv. Je finis par lever la tête pour comprendre que la prise, ou plutôt le port USB qui permet de charger son cellulaire, se trouve sur le plafond. Pas très pratique. Je branche mon téléphone, le fil est à peine assez long. J'ai l'impression d'être sous perfusion avec ce tuyau blanc qui part du plafond jusqu'à mon téléphone tenu dans le creux de ma main. Quelques heures nous séparent de mon point d'arrivée, je ferme les yeux et somnole.

- « *Mitzpe Ramon* » annonce le chauffeur.

Je descends rapidement, regarde autour de moi et me rends compte que je suis littéralement aux portes du désert. Derrière moi, une vaste étendue vide, devant moi, une petite ville aux maisons coquettes. Je m'étonne de la route goudronnée qui s'arrête net à certains endroits, laissant immédiatement place au sol rocailleux. Je décide de m'enfoncer un peu dans le désert avant qu'il ne fasse trop froid. Il faut dire que l'on ressent la température baisser aussi vite que le soleil traverse la ligne de l'horizon. Je me demande alors comment fonctionne le phénomène qui explique que le désert soit très chaud la journée pour devenir très froid la nuit. En fait, la faible l'air flottant dans le désert n'a peu ou prou d'humidité. Pour cette raison, il ne fait pas obstacle aux rayons du soleil qui frappent avec brutalité les zones arides. Cette faible présence d'humidité et de nuage dans l'air explique les variations extrêmes de température, entre le jour et la nuit. Lorsque la nuit tombe, la chaleur accumulée dans le sol et dans l'air n'est pas retenue par l'humidité et s'échappe aussi rapidement qu'elle n'est venue. L'explication n'est finalement pas si compliquée.

Le soleil se couche et m'offre un spectacle que je ne suis pas prêt d'oublier. La lumière chaleureuse qui m'éblouit contraste avec le froid qui s'installe. Les quelques vallons rocheux prennent un tout autre relief. Je m'assieds-là, sur le sommet de l'un d'entre eux, et ressens au plus profond de moi, un sentiment de liberté. J'ai le cœur léger.

J'observe les quelques constellations que j'arrive facilement à repérer : la Grande Ourse, Cassiopée, Orion… puis je me dirige vers mon auberge, le ventre vide. L'atmosphère de l'auberge se fond parfaitement avec mon état d'esprit du moment. Une auberge de hippies, de voyageurs, seuls ou en groupe, venus sortir des sentiers battus dans ce coin paumé. Les murs sont tapissés de guitares sèches, de dessins, de photos de voyageurs, d'histoires. Des vieux canapés rembourrés ne demande qu'à ce que je m'affale dessus. J'aperçois une petite cuisine où l'eau de la théière approche de l'ébullition.

L'aubergiste me salue et me montre dans ma chambre, située à l'étage. Cette partie de l'auberge est en pleine rénovation. Les outils des menuisiers sont étalés sur le sol, attendant de commencer leur journée demain à l'aube. De la sciure de bois n'a pas encore été soufflé sur les plinthes. Quelques morceaux de placo n'ont pas non plus encore été enlevés. Les matelas sont posés à même le sol avec des serviettes propres délicatement pliées. Les chambres sont dans une sorte d'*open-space*. L'intimité se limite à une maigre cloison en bois qui ne dépasse pas le mètre cinquante. Pas de porte non plus, si bien que j'entends la musique au rez-de-chaussée. Je prends enfin une vraie douche. Ça fait du bien de se sentir propre. Cette sensation ne dure malheureusement pas longtemps puisque je dois remettre l'un de mes 5 caleçons et l'un de mes 3 t-shirts. L'odeur qui s'échappe de mon sac à dos lorsque je l'ouvre, ne vaut pas la peine d'être décrite. Je retourne au rez-de-chaussée et demande à l'aubergiste une *shakshuka*. Il a malheureusement écoulé son stock et les restaurants aux alentours sont fermés à cette heure-ci.

Une femme, brune, d'une trentaine d'années lit dans mes yeux ma détresse à l'idée de devoir de nouveau sauter un repas. Il faut dire que je ne mange jamais beaucoup lorsque je vadrouille. Parfois je n'y pense tout simplement pas, mon esprit trop occupé à vagabonder. Parfois aussi, le prix de la nourriture me coupe l'appétit. Elle engage la conversation et me dit :

- Tu es français ?
- Tu l'as reconnu à l'accent ?

Elle sourit.

- C'est une vraie galère de trouver un truc à manger ici, tout est fermé le soir. Moi j'ai déjà mangé mais il me reste une grenade en dessert, on la partage ?
- Ça sera la première fois que je mange de la grenade !

Elle était rouge et ronde, avec une peau qui brillait comme un rubis. La jeune femme coupe une tranche et de minuscules graines scintillantes se dévoilent à l'intérieur. J'en prends une bouchée et une explosion de goût sucré et acidulé envahit ma bouche pendant que les graines croquent sous mes dents. La jeune femme me parle de ses vertus médicinales, notamment de la présence d'antioxydants.

- Je ne t'ai pas demandé d'ailleurs, tu t'appelles comment ? me demanda-t-elle en décrochant les graines de leur paroi.
- Alexandre et toi ?
- Karine, enchantée.

Karine a posé son pied sur tous les continents, y compris sur l'Antarctique ! Elle était journaliste en *freelance* et vendait ses reportages aux médias qui s'y intéressaient. C'est comme ça qu'elle a pu voyager autant. Aujourd'hui, elle souhaite se poser. Elle envisage de s'installer en Israël, elle est même là pour apprendre l'hébreu. Beau projet mais... courage à elle tant cette langue est différente de la nôtre.

- Il y a un spectacle de danse contemporaine ce soir, ça te dit de m'accompagner ?
- Je ne suis pas un grand fan de danse, mais pourquoi pas !

Je me suis rappelé la dernière fois que j'avais assisté à un spectacle de danse. C'était en 2020, la SNCF avait fait une offre à laquelle je n'avais pas su résister : 29 € pour un mois et la possibilité de prendre tous les TER de France de manière illimitée. Il ne m'avait pas fallu plus de 48h pour dessiner mon itinéraire et faire mon sac à dos. Durant ce mois d'août, j'avais fait une escale à Lyon chez un couchsurfer, Jean-Pierre. Il était passionné de salsa et de bachata et avait décidé de m'emmener avec lui un soir sur les quais du Rhône. J'avais adoré l'engouement des danseurs qui entraient presque dans un état second. Le temps comme suspendu, le temps d'une musique.

Nous sortons de l'auberge et arpentons les rues désertes de cette petite ville où la vie semble s'être arrêtée après le coucher du soleil. Quelques chiens aboient dans les jardins à notre approche. J'entends la musique d'ici. La musique est très rythmée, des percussions frappent une mélodie que je n'apprécie pas particulièrement et les planches du parquet résonnent en concert. Nous entrons dans une petite salle de spectacle et prenons place. Les mouvements des trois danseurs sont imprévisibles. Ils valsent au gré des notes dont le tempo varie. Cet art a du mal à me toucher, je regarde avec une pointe d'incompréhension, ces femmes qui dansent librement, sans que cela ne soit véritablement codifié ou structuré. Ils occupent tout l'espace, sautent, se jettent au sol, articulent les bras comme s'ils étaient possédés. Karine m'explique alors que la danse contemporaine n'est pas toujours chorégraphiée, l'idée est plus de se libérer d'émotions en tout genre, qu'elle soit positive ou négative. Le volume de la musique diminue, les danseurs se mettent côte à côte puis s'inclinent sous les applaudissements de leurs spectateurs. Nous rentrons à l'auberge et regagnons chacun nos appartements.

Il est 8h00, le soleil transperce les fenêtres et quelques ronflements viennent perturber le silence de l'étage. J'emprunte l'escalier, passe devant une petite fontaine intérieure, puis m'installe sur la terrasse. Le ciel est bleu, l'air est doux, le temps est bon. La vue dégagée m'offre un petit-déjeuner en tête à tête avec le désert. Je commande un thé et une *shakshuka*, ils ont reçu les ingrédients nécessaires à sa préparation. Je bois mon thé brûlant par lapées en écoutant Our Native Daughters – *You're not alone*.

Assis sur ma chaise en bois, j'ai l'impression d'être sur une terrasse de saloon dans le *Far West* américain. L'aubergiste apporte la *shakshuka*. Je trempe le pain pita dans du tahini, une crème de sésame à la texture similaire au houmous. Il commence déjà à faire chaud, alors qu'il n'est même pas 10h. Je traîne là, perdant mon regard dans l'immensité désertique, savourant chaque instant. Rien ne presse, je reprends d'ailleurs un thé.

Si rien ne presse, le temps ne s'arrête pas pour autant. Je serais bien resté là, toute la journée, à ne rien faire. Mais l'envie irrépressible de découvrir prend le dessus. Alors je retourne dans ma chambre me préparer. Les menuisiers se cassent déjà le dos à poncer des morceaux de bois. La sciure jaillit derrière eux, comme les étincelles d'un chalumeau. J'ouvre ma trousse de toilettes, une forte odeur de gel douche s'en dégage, merde, le tube s'est ouvert. Je rince ma brosse à dents tant bien que mal jusqu'à ce que la mousse du gel douche disparaisse. Je me brosse les dents. Un puissant goût de savon manque de me faire vomir. Bon, on va faire à l'ancienne : brossage de dents avec l'index. Je cherche un t-shirt qui ne pue pas trop, l'enfile et me mets en route.

Si je suis ici, ce n'est pas uniquement pour le désert mais aussi pour le cratère de Mitzpe Ramon. C'est une curiosité géologique longue de 40 kilomètres dont la largeur oscille entre 2 et 10 kilomètres. Le soleil se lève lentement sur le cratère, illuminant le paysage aride et désolé qui s'étend à perte de vue. Les falaises escarpées, sculptées par les vents et les tempêtes de sable, semblent s'élever jusqu'au ciel, créant un horizon infini. Au fond de la cuvette, le lit desséché d'un fleuve inconnu, offre quelques buissons usés par la sécheresse. La lumière matinale fait ressortir les différentes couches de roches, révélant d'étonnantes couleurs variant du rouge sombre au jaune pâle. Des charognards planent avec légèreté au milieu du vide que laisse le canyon, attendant patiemment qu'un animal – ou un randonneur – ne périsse. J'entends une pierre se décrocher de la façade et ricocher sur tout son long. Le cratère est si profond que je n'entends même pas le bruit de son impact sur le sol. J'enjambe la barrière de sécurité et me retrouve sur la crête. Je m'avance près du vide et entends des traces de pas, ou plutôt de sabots. On dirait que c'est l'heure du déjeuner pour ces bouquetins qui croquent à pleine dents dans le genévrier. Je m'assieds là, immobile, à les regarder se remplir l'estomac dans ce lieu où l'on se sent petit et profondément seul. J'en profite pour me remémorer chaque moment de ce voyage qui ne dure que depuis 10 jours, mais qui me transporte autant.

J'aimerais atteindre la ville la plus au Sud d'Israël avant la fin de l'après-midi. Je quitte le cratère pour m'enfoncer dans la ville et rejoindre l'arrêt de bus. A ma grande surprise, des bouquetins avec des cornes de près d'un mètre se pavanent dans les rues. Je vois le bus au loin qui arrive. Je sprinte et réussi à l'avoir de peu. Le bus longe le cratère et négocie des virages serrés. Plus on descend vers le sud, plus les palmerais ajoutent une touche de verdure à ce paysage ocre.

Eilat

Après 2h30 de bus, nous arrivons à Eilat, la *ville du sud*, accueillis par un soleil immortel. La vie est bouillonnante et l'ambiance est vacancière. Les passants sont en maillot de bain, vêtus d'un t-shirt léger, la serviette jetée sur l'épaule et les lunettes de soleil sur le bout du nez. Cette station balnéaire contraste clairement avec ce que j'avais pu rencontrer jusque-là. Je troque mes chaussures contre des tongs et flâne dans les rues, où les villas et les voitures de luxe me rappellent que moi, je ne sais toujours pas où dormir ce soir. Je réserve une auberge excentrée, la moins chère.

On se croirait sur la Côte d'Azur en été alors que nous sommes en plein mois de janvier. Je suis sur le front de mer, où des bars de plage proposent des cocktails hors de prix sur de la musique house. Je me mets en caleçon et plonge dans l'eau à température idéale. D'ici, on aperçoit parfaitement *Aqaba*, une station balnéaire de Jordanie. J'avais pu y plonger l'année passée, zigzagant entre des récifs coraliens hauts de 10 mètres entourés de tortues et de poissons. Tiens, si j'allais me renseigner pour une plongée. Je sors de l'eau et compose le numéro des clubs de plongée, trop cher. J'avorte ce projet, entre dans une épicerie et achète une Heineken bien fraîche. Je déverrouille mon téléphone et ouvre l'application Couchsurfing pour trouver un endroit où dormir demain soir lorsque je serai à Tel Aviv.

Un certain Liran accepte volontiers de m'héberger, je m'en tire bien ! Je regarde le soleil se coucher, imprégnant le ciel d'un rouge flamboyant dans lequel les montagnes se fondent parfaitement. Le bord de mer prend un tout autre visage, il y a un marché joliment éclairé, des manèges de fêtes foraines et le brouhaha d'une ville en effervescence. Je regarde les prix affichés sur les cartes de restaurant, pas dans mon budget non plus. Il faut dire qu'un kébab à 10 € ne me fait pas vraiment rêver. J'achète un paquet de cookies et marche vers mon auberge. Il m'aura fallu près de 45 minutes de marche pour m'y rendre.

Je suis enfin arrivé. Je pousse un grand portail blanc et entre dans la salle de réception. Quelques voyageurs papotent tout en préparant à manger. Il y a un couple d'Allemands, une Belge retraitée et un jeune parisien.

Je m'appuie sur l'ilot central de la cuisine et feuillette les flyers de plongée, triste de ne pas avoir les moyens de m'en offrir une. La Belge me dit :

- Tu plonges un peu ?
- J'aurais bien aimé, mais ici c'est hors de prix !
- Je comprends, c'est pour ça que je fais du *snorkeling*[4].
- Y a des bons spots ici ?
- Bien sûr ! Tous les matins, je nage avec des dauphins !
- Wow, c'est l'un de mes rêves ! surexcité, je lui demande où je peux les trouver.
- Alors pour commencer, si tu souhaites pouvoir nager avec eux sans touriste, il faut y aller tôt le matin, entre 6h30 et 8h30. Le spot est à 1h de marche d'ici, mais tu peux essayer d'y aller en stop. Tu as une combinaison ? Parce qu'à cette heure-là, il fait 13° dehors. Ah oui, j'allais oublier. Quand tu arriveras au spot, tu devras escalader un portail en prenant garde de cacher ton visage. Il y a une caméra de vidéosurveillance braquée à l'entrée. Une fois le portail franchit, tu devras faire très attention dans l'eau, il y a beaucoup de poissons-lions. Ils sont connus pour être attachés à leur territoire et peuvent se montrer agressifs si tu t'en approches de trop. Si tu as le malheur de te faire piquer, le venin te donnera une douleur intense. Si tu es loin du rivage, tu peux perdre tes moyens et te noyer... Si par chance tu arrives à retourner sur la plage, tu devras aller rapidement aux urgences. Un dernier conseil, ne reste pas trop longtemps dans l'eau, tes muscles pourraient être tétanisés par le froid et tu n'arriveras plus à nager jusqu'à la plage.
- Ah oui ça se mérite de nager avec les dauphins...

---

[4] Découverte des fonds marins avec un masque et un tuba

Face à tous ces dangers et risques, je prends un instant pour réfléchir. Eh puis merde, on n'a qu'une vie. Je vais prendre le risque !

- Tu ne le regretteras pas. Je te prête mon masque et mon tuba dans ce cas-là.
- Merci beaucoup, sincèrement.

Le dîner est prêt. La Belge, qui répond au nom de Marianne, s'est cuisiné des légumes et du riz. Moi, je mange mes cookies. Marianne semble avoir pitié de moi et me propose de partager son repas. Merci ! Les restaurants israéliens sont trop chers, y compris pour sa petite retraite d'ancienne assistante sociale, c'est pour cette raison qu'elle préfère cuisiner à l'auberge. Du haut de ses 65 ans, Marianne n'a peur de rien, elle voyage souvent seule, dormant à la belle étoile lorsque le lieu s'y prête. Elle a une énergie qui m'impressionne. Nous partageons notre dortoir et discutons longuement tous les deux. J'essaie de me coucher relativement tôt pour ne pas louper mon réveil à 5h30.

Le réveil sonne, je l'éteins rapidement pour ne pas la réveiller elle, et l'autre voyageur qui nous avait rejoint un peu plus tard dans la soirée. Dans la précipitation, je fais tomber mon téléphone dans l'interstice situé entre mon matelas et le mur. Le téléphone frappe le fer du sommier dans un bouquant d'enfer. Je peine à le récupérer. Je tire un peu le lit du mur pour y glisser mon bras. Les pieds du lit n'ont pas de patin. Ça grince, ça couine et voilà que j'entends mes colocataires s'agiter dans le lit. Je me mords les doigts d'avoir été si peu discret. J'enfile un pull et mon sac à dos d'où dépasse le tuba. Je prends soin de fermer délicatement la porte derrière moi. J'adore marcher tôt le matin, à une heure où la ville dort encore, où l'ambiance est différente, plus calme, plus intimiste. Je tends mon index vers le bas en souriant aux voitures qui passent sans s'arrêter. Au bout de 15 minutes de stop, une belle voiture ralentit et s'arrête à mon niveau. Ma destination se trouve sur le chemin du conducteur, parfait ! Je ne pensais pas que je trouverais une voiture aussi rapidement, d'autant qu'il n'est que 6h du matin. L'homme est déjà au téléphone, branché au Bluetooth de son SUV. Il me dépose à l'endroit précis que Marianne m'avait indiqué et me dit :

- Tu es sûr de vouloir descendre ici ? Il n'y a rien à part la mer.

- J'en suis certain, merci infiniment et bonne journée.

Je reconnais le portail dont m'avait parlé Marianne. Il y a une entreprise juste à côté. Un de ses salariés est en train de décharger le camion. J'attends patiemment qu'il gagne son lieu de travail pour que je puisse escalader le portail discrètement. Je simule de marcher dans la direction opposée, en jetant des coups d'œil derrière mon épaule pour vérifier qu'il ne m'épie pas. Le salarié récupère son sac à dos dans le coffre et débute sa journée. Je dois faire vite, d'autres personnes ne vont sûrement pas tarder à embaucher elles-aussi. Je jette mon sac par-dessus le portail, pose mon pied entre deux barreaux et me hisse à la force des bras. J'enjambe la tranche métallique, la tête baissée pour ne pas être identifiable par la caméra et me laisse doucement retomber sur le sol. Je cours jusqu'au premier rocher pour me cacher derrière. D'ici, on ne peut pas me voir. La mer est d'huile mais pas de dauphins à l'horizon. Le froid est saisissant, le mercure affiche bien 13°.

La lumière est tamisée, si le soleil s'est levé, il n'a pas encore gravi les montagnes pour les dominer. Il se cache derrière elles, laissant la plage en proie à la pénombre et à la fraîcheur. Je me mets en caleçon pour commencer à m'habituer à la température extérieure. J'entends du mouvement dans l'eau, un dauphin ! Puis un deuxième. Leur aileron fend la mer en deux. Cette même mer qui, si on en croit la religion, a été ouverte en deux par Moïse des milliers d'années plus tôt. Les dauphins nagent ensemble, avec une synchronisation digne d'une épreuve olympique. L'un d'eux bondit même de l'eau, remue la queue et retombe dans un « splash » assourdissant. Il ne m'en fallait pas plus pour oublier la température de l'eau. Je mets un pied puis un deuxième, hésite à reculer puis, trop tard. J'y suis, j'y reste. Excité à l'idée de nager avec des dauphins sauvages, j'avance rapidement jusqu'à avoir de l'eau au niveau du bassin. Je m'apprête à sauter la tête la première avant de voir quelque chose dans l'eau. Quelque chose de déformé par les ondes produites par mes mouvements. Je m'arrête un instant, attendant que l'eau redevienne d'huile. Un poisson-lion rôde à seulement 5 mètres de moi. Je m'en éloigne aussitôt. Allez, j'ai fait le plus dur, je ne peux pas m'arrêter là. Je mets d'abord la tête dans l'eau, vérifie que la voie est libre, puis, j'immerge mon corps est nage dans l'eau froide. Au vingt-cinquième mètre de nage, un autre poisson-lion m'observe avec curiosité. Je l'évite, continue ma brasse, en prenant garde à chaque mouvement, histoire de ne pas heurter l'un de ces démons par mégarde. J'avance doucement, tournant la tête tantôt à gauche, tantôt à droite. Les poissons-lions sont vraiment communs ici. Ils m'observent, impassibles, se laissant flotter au gré des courants. Au cinquantième mètre du bord, il n'y en a plus. Je nage vingt-cinq mètres supplémentaires, en espérant que les dauphins n'aient pas pris la fuite. Je rejoins un couple de nageurs, des Israéliens :

- Bonjour, vous avez vu les dauphins ?
- Bien sûr, il y en a 2 ou 3 ! Tu n'as pas froid en caleçon ?

Entre l'excitation de nager avec des dauphins et l'adrénaline d'être entourés de poissons pouvant me tuer, j'en avais oublié la température de l'eau.

- Tu n'es pas Israélien et pourtant tu connais cet endroit ? Comment ça se fait ?
- J'ai eu la chance de tomber sur une voyageuse qui connait les bons plans !

Le soleil commence à pointer le bout de son nez, caressant le sommet des montagnes. La lumière jaillit et propage des nuances dorées, à la surface des vagues.

- Un dauphin, un dauphin !
- Où ça ?
- Il vient de replonger.

Je mets la tête dans l'eau, le cœur tambourinant contre ma poitrine. Je cherche de tous les côtés le dauphin. Le voici. Dans un mouvement gracieux qui semble presque irréel, le dauphin me regarde. La robe lisse et brillante, ses nageoires puissantes, son regard intelligent et son sourire qui laisse apparaitre de petites dents bien aiguisées, le dauphin joue avec nous. Il nage avec agilité et passe si près de moi que je dois m'écarter.

Les rayons dorés du soleil transpercent la mer, on dirait que ce majestueux mammifère nage dans de l'or. Le bruit sourd de l'eau dans mes oreilles me coupe encore plus du monde terrestre. En plus de ce ballet aquatique, un deuxième dauphin approche, en chantant l'ode à l'océan. Des cris mélodieux, transperçant, hypnotisant. Après 45 minutes de nage avec les rois de l'océan, ma condition humaine me rattrape. La fatigue musculaire s'empare peu à peu de moi et des picotements frileux sur ma peau font ressortir des frissons. Il faut que je retourne sur la plage avant de tomber en hypothermie. Les Israéliennes aussi commence à avoir froid malgré leur combinaison. Je nage à toute allure pour me réchauffer. Je sors la tête de l'eau pour prendre une bouffée d'oxygène et replonge immédiatement. Juste devant moi, à cinq mètres seulement, un poisson-lion. Mon cœur s'accélère, ma poitrine se compresse et ma respiration se fractionne. Je l'esquive de peu mais l'angoisse est toujours présente. J'arrête de nager et enlève mon masque pour libérer mes cloisons nasales et inspirer de grandes bouffées d'oxygène. Je ralentis peu à peu les mouvements de bras et de jambes qui me maintiennent en équilibre à la surface. J'inspire profondément, bloque ma respiration deux secondes, puis expire lentement. Je répète plusieurs fois cette exercice. Je n'ai plus froid, je ne suis plus angoissé, je peux rentrer tranquillement à la nage.

Arrivé sur la plage, je m'abrite derrière le rocher et hume l'air frais matinal tout en regardant mes amis à aileron s'amuser. Quel réveil. J'enfile un pantalon et un pull et use du peu de force qu'il me reste pour me hisser par-dessus le portail. Je tends quelques minutes le doigt pour être pris en stop, puis me ravise. J'ai envie de marcher au grand air. Si tous les matins pouvaient être comme celui-ci… une fois arrivé à l'auberge, je remercie mille fois cette femme qui m'as permis de vivre ce moment inoubliable. Je prends une douche bien chaude puis salue le couple d'Allemand et le Parisien. Je vais malheureusement passer le reste de cette journée ensoleillée dans le bus pour me ramener à Tel Aviv.

Je somnole durant la plupart du temps du trajet jusqu'à ce que le chauffeur prenne une pause. Il passe une annonce au micro, sûrement pour indiquer la durée de la pause. Je demande la traduction à un homme d'une cinquantaine d'années assis juste devant moi.

- Pause de 15 minutes mon gars et pas de retard, me dit-il avec un sourire amical.

Je me dégourdis les jambes. L'aire de repos est aux abords d'une palmeraie. Pas le temps de m'imprégner du paysage, je retourne assez vite au niveau du bus, pour être certain de ne pas le louper. L'homme qui m'avait traduit l'annonce du chauffeur, revient en même temps que moi. Je lui fais signe de monter en premier dans le bus. Il emprunte la première marche, puis la deuxième… Quelque chose de scintillant sur sa ceinture attire mon regard. Une arme. Me voilà rassuré… j'ai bien l'impression qu'il n'y a que moi que ça choque ici.

TEL AVIV

Le trajet jusqu'à Tel Aviv se passe sans embûche. Liran me donne son adresse, impatient de faire ma rencontre ! Je dois dire que j'appréhende toujours de dormir chez un parfait inconnu mais bon… je n'ai jamais été déçu jusque-là ! Le moment le plus étrange à chaque fois, c'est lorsque je sonne et que j'attends qu'on vienne m'ouvrir. Ce laps de temps, bien qu'il soit court, paraît être une éternité. Les questions se bousculent, « Va-t-on bien s'entendre ? De quoi va-t-on parler ?... ». La porte s'ouvre. Liran. Légèrement plus grand que moi, blondinet et bien en chair. Le visage accueillant, il m'invite à me déchausser. L'appartement est propre et bien rangé. Il me fait faire le tour du propriétaire. Je remarque que la porte de sa chambre est épaisse, comme si elle était blindée. Il ne me propose pas d'y jeter un coup d'œil et me dit même que je n'ai pas le droit d'y accéder. Rien de surprenant… sauf lorsque la porte est blindée. Malgré tout, je suis en confiance. Des clips de musiques israéliennes animent l'appartement d'une cinquantaine de mètres carré. Nous nous asseyons dans son canapé, où je dormirai. Son chat nous rejoint et voilà que nous ouvrons la bouteille de vin que je viens de lui offrir.

Liran travaille dans le commerce et fait 42h par semaine. Il m'apprend alors que la durée légale de travail en Israël est l'une des plus longues du monde. Ça ne le dérange pas, il faut encore construire ce pays qui n'a que 75 ans. Dans la rue, j'entends des chants. Des Juifs Orthodoxes qui font la fête me dit Liran. Il s'étonne d'ailleurs que je n'eus jamais vu ça auparavant, ce spectacle lui paraissant si ordinaire. Mon hôte me demande ce que j'ai fait jusque-là dans son pays. Il sourit de mes mésaventures lors de mon arrivée à Tel Aviv et se moque avec bienveillance de mon accent anglais. Il reprend la conversation :

- Tu m'as demandé s'il était dangereux d'aller à Ramallah, rassures-moi, tu n'y es pas allé ?
- Si. Et j'ai reçu un très bon accueil au demeurant !

- Ça, c'est parce que tu n'es pas Juif... *Ils* [Palestiniens] nous détestent, *nous* (Israéliens), les haïssons. C'est soit eux, soit nous.

Je sens que la conversation est en train de déraper.

Liran m'explique alors avoir été banni de nombreux réseaux sociaux, du fait de ses positions politiques extrêmes à l'égard des Palestiniens. Il se plaint de la censure dont il se dit victime. Bien qu'au fond de moi, je me réjouis que la liberté d'expression connaisse des limites. Entre provocation et sincère curiosité, je lui demande :

- J'ai vu le mur qui sépare vos deux peuples. Les Palestiniens en parlent comme d'une prison ouverte. Ils ne sont pas libres d'aller et venir comme bon leur semble.
- C'est le cas. Dis-toi qu'à l'époque où ce mur n'existait pas, il y a eu de nombreux attentats ici. Des personnes étaient égorgées, en ce y compris des bébés. Une barbarie. Depuis l'édification de ce mur, dans les années 2000, le nombre d'attentat a drastiquement diminué et la population Israélienne, se sent plus en sécurité

Si je comprends la nécessité de protéger la population, je ne suis pas certain que sanctionner tout un peuple des abominations que certaines personnes qui le composent commettent, soit une solution équilibrée et proportionnée. Je change de sujet.

- J'ai vu la porte de ta chambre, elle est blindée non ? Comment ça se fait ?
- C'est exact. Nous vivons constamment dans la peur de se faire attaquer par les pays voisins ou par le Hamas à Gaza. Parfois, des missiles sont envoyés de là-bas pour nous anéantir. Heureusement, le dôme de fer nous protège. Toutefois, certains missiles peuvent passer entre les mailles du filet et nous atteindre. Alors, dès que la sirène hurle dans la ville, nous devons nous abriter. C'est pour cette raison que toutes les habitations modernes sont équipées d'un *shelter*.

Je prends conscience de la chance que j'aie, de vivre dans un pays en paix. Nous poursuivons la conversation sur des sujets plus légers, comme celui de la musique. Nous faisons du karaoké sur nos chansons préférées, l'occasion de découvrir d'autres mélodies, d'entendre une autre langue et de se connaître un peu plus. Nous avons terminé la soirée ainsi, sur une bonne note. Lui, retourne dans sa chambre, moi, m'allonge sur le canapé, le chat blottit contre moi.

Nous nous réveillons plus ou moins à la même heure. Liran se lance le défi de cuisiner la meilleure *shakshuka* que j'ai mangée jusque-là. Défi réussi. Généreux et accueillant, il me prépare même un sandwich pour le midi. Je le remercie chaleureusement et quitte son appartement pour me réconcilier avec Tel Aviv. Entre gratte-ciel et maisons résidentielles, vieille ville et nouvelle ville, centre d'affaires et centre historique, Tel Aviv est un *melting-pot* architectural. Bordée par une longue plage, la musique *house* qui émane des bars laisse une ambiance estivale et festive. Quelques surfeurs par-ci et par-là négocient habilement les vagues. Il y a également de nombreux sportifs, joggers et bodybuilders. Je marche vers le Sud, traverse la vieille ville qui regorge de petits marchés et d'enfants qui jouent au football. La journée défile à vive allure, l'atmosphère de cette ville est particulièrement agréable. Mon avion pour retourner en France est dans quelques heures. Juste le temps d'avancer au bout de la digue, prenant soin de ne pas me fouler une cheville sur ces gros blocs de pierre, m'asseoir paisiblement et regarder le soleil tomber dans la mer.